ゴルフの心を整える

マインドフルネスで自分に優しいプレーのすすめ

大橋義幸

<はじめに>

イップスと向き合って、何かに

私は、シニア（満50歳から）入りした頃、プレー中の大切な場面になり緊張すると、体が上手く反応しなくなったり、どんなに短い距離のパットでも、手が震えたり動かなくなったりする、いわゆる「イップス」に陥りました。とくに、勝負の行方を決めるショートパットの際は、その症状が強く出るようになり、苦悩の日々が続きました。

そんなときに出合ったのが「マインドフルネスメディテーション」でした。友人からのすすめだったのですが、「過去の失敗や、それによる未来の不安にとらわれないことととともに、自分ともっと親しくなりなさい、自分に優しくなりなさい」という言葉に共感を覚え、不思議と心の底から納得できたのです。

「マインドフルネスメディテーション」をより理解していただくために、ここで、私が総支配人をしている和幸カントリー倶楽部ショートコースを想定して、実践してみましょう。

和幸カントリー倶楽部の1番ホールにやって来ました。右はOB、左には池があります。OBには行かせたくないし、池にはもちろん入れたくない。そう思うと、それらのことにとらわれて、思うようなスイングができなくなって、ボールはOBゾーンに行ってしまったり、池に入ってしまったり、大きなミスを犯してしまいがちになります。

そこで、マインドフルネスメディテーションを実践してみます。まず、OBと池については考えないのではなく、ただ存在していると思うこと。その後、それらを「考えた」と口に出して手放し、呼吸することに意識

とらわれない心にたどり着く！

を戻して、打ちたい方向にアドレスしてスイングをするだけです。
　ミスをしたらそのときに考える、初めからミスを想定しない、ミスをしたイメージが頭をよぎったら、「考えた」と言って手放し、呼吸に戻ればいいのです。ゴルフをするにあたって、何かにとらわれないということはとても重要で、このことを習慣化できれば、すごく楽にシンプルにゴルフができることに気づくはずです。
　多くのゴルファーが、必要以上にいろいろな情報にとらわれ、がんじがらめになってしまっているようです。私もそうでした。そんなみなさんに本書を手にして、とらわれすぎていること、手放せないでいる現実があることに気づいていただけたらと思っています。
　ゴルフを楽しく、できるだけ長く続けるために、何かにとらわれないゴルフをしませんか？

Contents

Part 1 心

Part 2 技

【1】ショット編

【2】応用編

【3】バンカー編

【4】アプローチ編

【5】パッティング編

【6】マインドフルネスメディテーションを使って

Column

Part 3 ゴルフ技術解説あるある！

装丁　田首智生　本文デザイン　1108GRAPHICS
写真　大山雄大　井出秀人　イラスト　さとうこう
編集協力　プロランド
撮影協力　サミットゴルフクラブ　田辺カントリー倶楽部　和幸カントリー倶楽部

本書の内容と使い方

本書では、ゴルフの上達に役立つ、「とらわれない心」と、「状況に応じた技」の高め方を記しています。まず「心」のパートで、「マインドフルネスメディテーション」を用いての心の整え方の理論を学び、次の「技」のパートでは、ミスの原因を見直して、状況に応じたスイングが何より大事であることを示していきます。浮かんだ思考を手放して、自分に優しい賢いプレーを身につけてください。

マインドフルネスメディテーションを用いると

マインドフルネス
メディテーション
▼
気づき
▼ ▼
自分に優しく　ミスを許す
▼ ▼
「技」が高まる

「技」が高まる基本ページ

スイング時に気をつけたいこと
技術的に気をつけなければならないことから解説。

インパクト～フィニッシュ
動作を分割して説明。

CHECK
重要なチェックポイントを提示。

◯ 角度の違う写真を用いることで、正しい動きをよりわかりやすくしている。
✕ 間違った動きを示しNGを促す。

気持ちのミスの原因を整理する
心の持ちようでミスが生じることを可視化する。

Mindfulness Advice
マインドフルネスを用いて気持ちのミスの原因を整理し、自分に優しくなる方法をアドバイス。

技術的ミスの原因の解説と対処法
クラブを振りすぎているのでは、アドレスの向きが違っているのでは、そんな技術的ミスの原因と対策を示す。

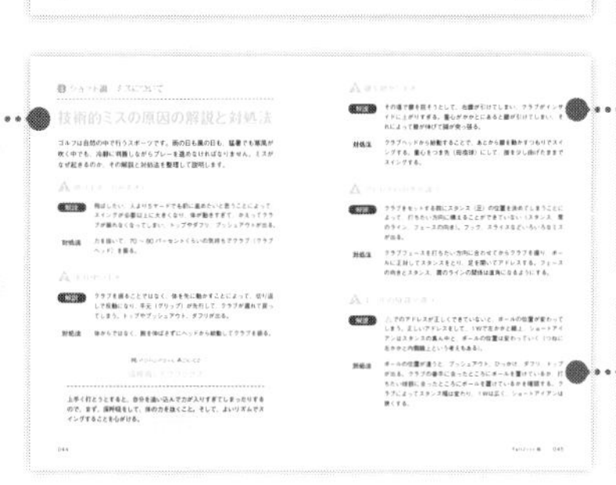
技術的ミスの原因の解説と対処法

解説
ミスが出る状況を説明して、出るミスの種類を解説する。

対処法
ミスを防ぐ具体的な対処法を示す。

―Part1―
心

スポーツの上達には、
心技体のバランスが整うことが必須です。
ゴルフはとくに、自ら始動し、自らのリズムで
ショットを生み出さなければなりません。
“自ら”が支配するため、
心の要素がとても大きくなります。
心の整え方を紹介します。

何かにとらわれない心を持つ

何かを手放す方法を知る

何かにとらわれない心とは何でしょうか。具体的に説明するのはとても難しいのですが、私は何かを手放した心、状態だと思っています。

では、それを手に入れるにはどうすればよいのでしょうか。実は私は、試合で結果を出そうとして、自分を追い込んだことにより、"イップス"になりました。そんな私がマインドフルネスメディテーションという心を整える方法と出合い、どのようにして何かにとらわれない（何かを手放す）心を手に入れ、イップスを克服したかをお話ししようと思います。

イップスもミスもその多くは心に原因あり

みなさんはイップスという言葉をご存じでしょうか？

ゴルフでは、ショットやパットをするときに、アドレスの形からクラブを動かすことができない（上げられない）、テークバックをしてクラブを上げたところ（トップの位置）から、クラブを下ろしてこられない（動かせない）などの状態（症状）をイップスといい、いろいろなパターンがあります。

このイップスは、ゴルフだけではなく、テニスではサーブの際にトスを上げられないなど、さまざまなスポーツで見られる現象です。

またゴルフでは、OBやウォーターハザード、バンカーなどを意識しすぎて、避けたいと思っているところに打ってしまったり、飛ばそうとしすぎてミスをしたり、グリーンにのせたいと思ってガードバンカーに入れたり、アプローチでカップに寄せようとしてトップやダフりのミスをしてしまうなど、ミスの種類には枚挙にいとまがありません。

イップスも場面場面のミスも、技術的な要因はもちろんありますが、多くはメンタル（心）に原因があると思われます。それをどう克服するか、私の経験に基づいてお伝えします。

イップスはほんの些細なことから始まった

ショートパットで突然手が動かなくなる

私は学生時代、研修生時代、プロになってからも、試合の前の日に寝られなかったり、大切な場面で緊張して手が震えたり、ここぞという大事なところで大きなミスをしたり、メンタル（心）の弱さを多少感じていました（軽いイップスかもと思ったりもしました）。

そして、シニア入りしてからの大きな試合で自分を追い込みすぎて、ショートパットで手が動かなくなりました。そこからがスタートで、ティーショットでもその前のホールでやってしまったミスを忘れられずに、同じことをまたしてしまうのではと怖くなって、ショットまでもまともにできなくなってしまいました。

いわゆるイップスに陥ってしまったのです。その後、パッティングのイップスが残り、苦悩の日々が続きました。

マインドフルネスとの出合い

もともとショートパットに難ありだった私が、いよいよイップスを自覚し、どうやったら治るのか？　パターを変えたりして、自分なりに改善を試みましたが、それだけでは何ともならなくて、悩み抜きました。

そんなときに、所属する和幸カントリー倶楽部でヨガ等のスタジオをオープンすることになり、担当者がいろいろな種類のヨガやメディテーションを体験していました。そのうちの1つ、東京のマインドフルネスメディテーションの説明会に一緒に行き、話を聞いているうちにその内容に共感し、完全に腑に落ちたのです。

そこで言われたことは「自分と親しくなりなさい」「自分に優しくなりなさい」ということでした。

不安に思ったことを追いかけずに手放す

自分を混乱させるのは過去の失敗や未来への不安

「自分と親しくなる」「自分に優しくなる」――。

よく考えてみると、その頃はつねに自分を責めて、精神的に自分自身を追い込んでいたと気づきました。さらに、過去の失敗を引きずり、それを恐れるがために、訪れてもいない未来に不安を抱いていました。そのことは自分を混乱させ、ストレスを生んでしまい自分を苦しめてしまっていたのです。

それを解消するには、不安に思ったことを追いかけずに手放して、今自分がやるべきことをやる。そうすれば、余計な不安を持つことがなく、平穏な心でそのことを受け入れることができるということでした。

ショットやパッティングでミスを引きずり、曲げたらどうしよう、入らなかったらどうしようと未来に不安を抱いていた私は、「これはまさに私のこと」とピンときました。話を聞いていくうちにどんどん興味がわいてきて、マインドフルネスメディテーションを勉強してみようと思ったのです。

マインドフルネス
メディテーションとは？

不安を手放す

マインドフルネスメディテーションとは、すべての所作、動作に意識を行き渡らせていること、自分の周りで何があって何が起こっているかすべてがわかっている状態、また、その１つ１つのどれにも意識がとらわれていないことです。

自分自身や周りの人たちは、過去の失敗や未来への不安などによって、自分を苦しめ混乱させて、多くのストレスを抱えています。マインドフルネスメディテーションを生活に取り入れて、どんなことにも意識がとらわれないようにできれば、とらわれることによって起こる不安を手放すことができます。そうすると、自分自身や他人に対して優しくなり、ストレスなども感じることなく生活できるようになるのです。

自然な呼吸で今の自分に戻る

具体的なマインドフルネスメディテーションのやり方です。

まず、よい姿勢で座り、思い浮かんできた不安などをすべて思考ととらえて、それを追い求めずに手放して、今の自分に戻るのです。今の自分に戻る方法は、自然な呼吸を意識しながら、「座る→思考が出る→手放す→呼吸を意識する」――、これを繰り返すだけです。

人によって、これを簡単と思う人もいれば、同じことを繰り返すので退屈と思う人もいます。とらえ方は人それぞれですが、この反復練習を継続することによって心が強くなり、精神が安定するようになります。これがマインドフルネスメディテーションです。

マインドフルネス
メディテーションのステップ

マインドフルネスメディテーションを行うときは、ただ座るだけですが、座るにあたり大切な３つのステップがあります。

1. よい姿勢で座る

- 床に座布（ざふ）（クッションでも可）を置き、その上にあぐらをかいて座ります（そのときに膝が骨盤より低くなるようにする）。膝が悪かったり、床に直接座ることが困難だったりする場合は、正座したり椅子に腰かけたりします（椅子に座る場合、足裏がしっかり床につく高さに調整して、背もたれを使わないように浅く腰かける）。
- 手のひらは下に向け、膝か太ももの上に置きます。
- 背すじを伸ばし、軽く胸を開き、あごや肩をリラックスさせます。
- あごを引いて口元をゆるめるようにします（歯は食いしばらず、舌の先を上あごに軽く触れるようにする）。
- 目を優しく開け、伏し目がち（半眼）にして、1.5～1.8メートル先を眺めます。

2. 呼吸に意識を置く

- 普段、無意識に行っている自然な呼吸を意識します（過度に呼吸に集中しないように）。

3. 思考や感情が浮かんできても、それを追わずに呼吸に戻る

●思考や感情が浮かんできたことに気づいたら、「考えた」と心の中で言って、呼吸に意識を戻します（浮かんできた思考や感情をなくしたり追いかけたりせずに、そのままにして呼吸に戻る。よく無になるというが、何も考えないというのも1つの思考なので気をつける）。

座っている途中で足がしびれたり、体が痛くなったりしたら、足を組み替えたり、体を動かしたりして体勢を整えてください。きつすぎず、ゆるすぎずの体勢で座り、それを1日15分、週に5日続けましょう。

①よい姿勢
②呼吸に意識を置く
③思考が浮かんでもそれを追わずに呼吸に戻る

※1日15分
週に5日は座ること

実際に座る
何かにとらわれなくなる

3つのステップに注意して始める

私は、マインドフルネスメディテーションと出合って、少しでもゴルフがよくなればと思い、毎日15分座ることにしました。教えてもらった、「座るための3つのステップ」に注意しながら始めました。

座ったらまず呼吸を意識します。呼吸を2～3回しているうちに、何かしらの思考が浮かんできます。例えば、今日のゴルフの1番ホールはどのように攻めていこうか？　昨日のゴルフのよい所はどこだったか？　昨日のスイングのイメージで今日もいけるか？　今日の昼は何を食べようか？

いろいろなことが次々に浮かんできます。

このように、浮かんできたこと1つ1つに対して、深く追いかけないことがポイントになります。

思考が浮かんだら“考えた”と心の中で言う

では、「今日の1番ホールはどう攻めていこうか？」と思考が浮かんできたらどうすればいいのでしょうか。

思考が浮かんできたときに、“考えた”と心の中で言って、呼吸に戻ります。そして、また思考が浮かんできたら、同じようにその思考を追いかけずに、また“考えた”と言って呼吸に戻ります。それを繰り返していくうちに、何かが浮かんできたとき、躊躇なくすべて“考えた”と言えて、何にもとらわれることなく、呼吸に戻ることができるようになります。

それに慣れてくると、ゴルフに行って、ミスをしたホールに行ったとき、バンカーに入れたくないと思ったとき、ＯＢゾーンに打ちたくないと思ったときなど、その浮かんだ不安を“考えた”に切り替えて、呼吸を意識することで、楽な気持ちでゴルフができるようになります。不思議なほど、思考にとらわれず、余計なストレスを抱えることなく、プレーに向かうことができるはずです（ただし、マインドフルネスメディテーションを始めてすぐにできるわけではなく、しっかりと経験したうえでの話です）。

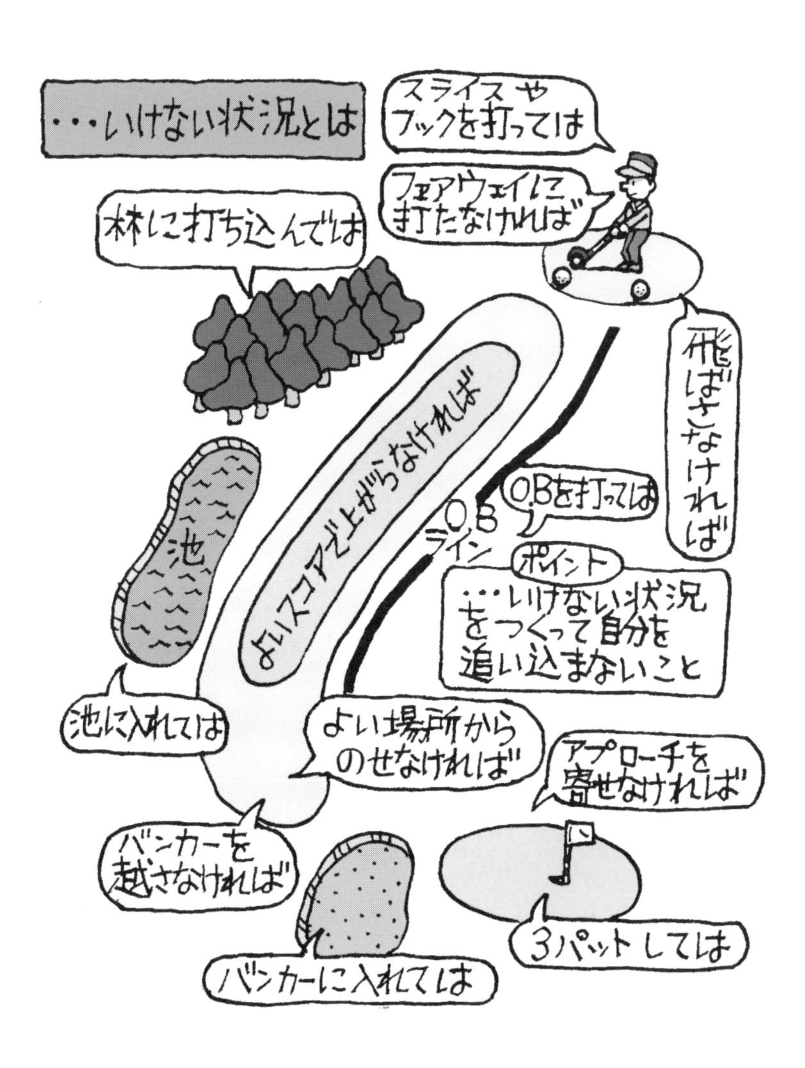

私のエピソード
苦手・不安の克服

まだ起きていないことに不安が募る

試合での話です。

ロングホール（パー 5）の 10 番ホール。このホールは、ティーショットは打ち下し、セカンドショット以降は打ち上げで、左サイドにはバンカーとＯＢラインがあり、右サイドは厳しい斜面になっていました。

はじめての練習ラウンドのときには、何も気にすることなくフェアウェイにティーショットを打てていたのですが、いざ本番になると、「曲げたくない」「バンカーやＯＢは避けたい」と、まだ起きてもいないことに不安が大きくなって、バンカーやＯＢがとても気になってしまったのです。

もうそうなると、しっかりとしたスイングができなくなって、バンカーやＯＢを避けて、右サイドの斜面に打ってしまって……。次の日は、そのミスを引きずって、左サイドのＯＢゾーンに行ってしまって、すっかり悪いイメージが残ったホールになりました。

なかなか効果が出ない日々
継続・実践した

その後、マインドフルネスメディテーションに出合い、しばらく実践（毎日座り続ける）していましたが、なかなか効果を感じることができない日々を過ごしていました。

そしてまた同じゴルフ場で試合があって、以前悪いイメージの残ったホールでのことです。そのホールのティーイングエリアに立ったときに、過去の失敗が浮かび上がってきました。

「そういえば、バンカーやＯＢを嫌がり、右サイドの斜面に打ったし、それが嫌で左サイドのＯＢゾーンに打ってしまったな」と、過去の失敗が浮かんできました。

しかしそのときは、過去にとらわれて、訪れていない未来に不安を抱く私ではなく、ほぼ毎回フェアウェイに打つことができましたし、何回かはバーディーを取ることもできました。そのホールが嫌い、苦手だと思っている私ではなくなっていました。「これって、マインドフルネスメディテーションが効いている!!」「バンカーやOBにとらわれなくなった」「普通に打てた」と確信が持てて、うれしくなりました。このときを機に、これからもマインドフルネスメディテーションを続けていこうと思ったのでした。

マインドフルネス メディテーションの効果・効能

効果

マインドフルネスメディテーションを継続していくと、いろいろな効果があらわれます。

- 心が明晰になる（自分の周りに何があって、何が起きているか自覚できる）。
- 心が安定し、強くなる（感情に振り回されなくなる、よいことも悪いこともすべて同じこととととらえることができるようになる）。
- ストレスや不安が軽減する。

効能

1日15分間、8週間継続して続けることで、さまざまな効能があります。

①脳の記憶を司る海馬（かいば）のたんぱく質の密度が高まり、恐れや不安を抱く扁桃体（へんとうたい）の密度が減少する。

②海馬のたんぱく質の密度が高まると記憶や自己意識が高まる。

③扁桃体の密度が減少すると将来に対する不安や恐怖が消え、気持ちが前向きになる。

現代のストレスの多い社会では、海馬はつねにストレスにさらされています。マインドフルネスメディテーションをして今を意識することで、海馬を休ませることができます。座るということを継続して行えば、ストレスを減らすことができます。

マインドフルネスメディテーションに出合ったことにより、気づいて手放すことができ、それを繰り返し続けた結果、ゴルフでは失敗や不安にとらわれることなくプレーできるようになり、イップスを克服できました。普段の生活でもいろいろなことに気づき、手放すことができるようになり、あまりストレスを感じなくなりました。

みなさんも、ゴルフや普段の生活でストレスを減らすために、マインドフルネスメディテーションで健全な心身を手に入れてください。

POINT

気づく、そして手放す

マインドフルネスメディテーションでは、気づくことが大切で、気づくことにより手放すことができるようになります。思考が浮かんだ（出た）ことに気づく、これを忘れないでください。

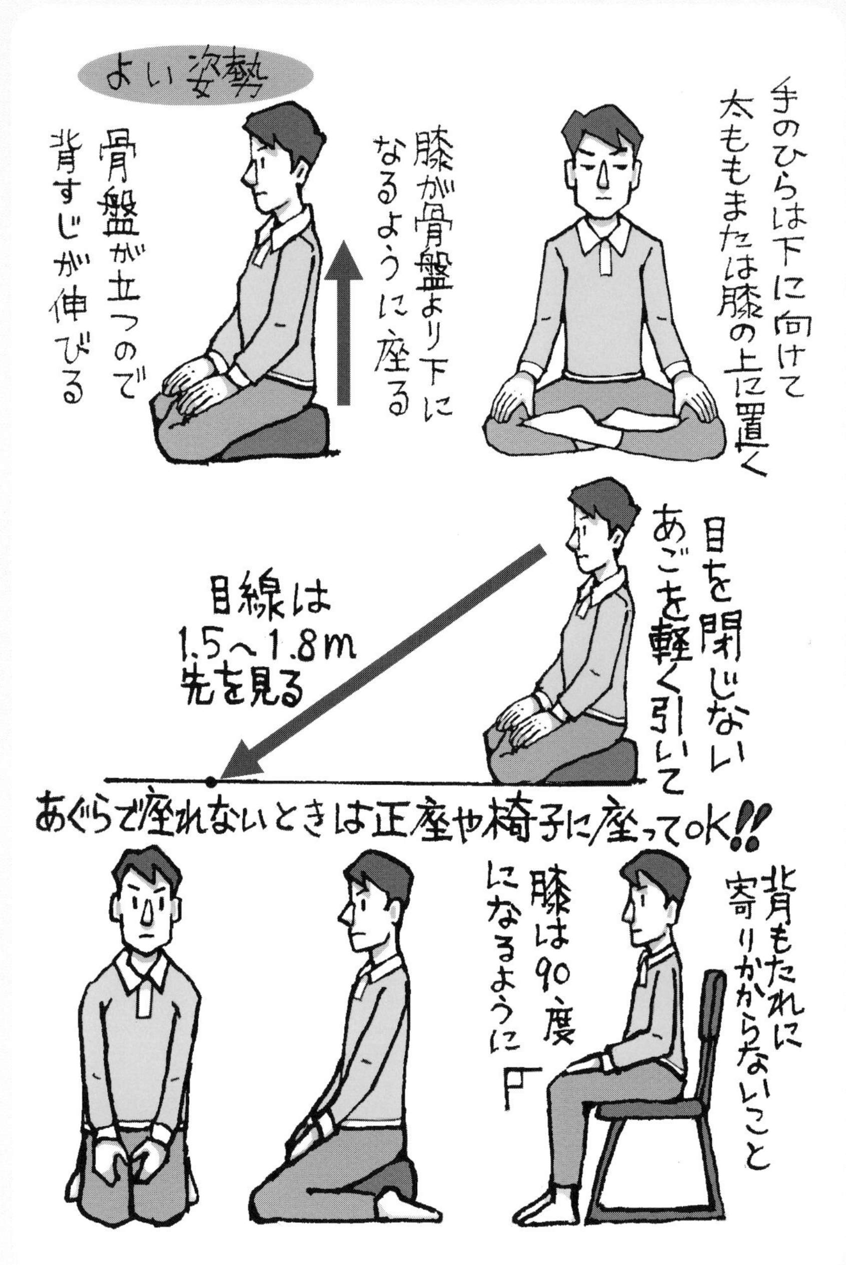
よい姿勢
骨盤が立つので
背すじが伸びる
膝が骨盤より下に
なるように座る
手のひらは下に向けて
太ももまたは膝の上に置く
目を閉じない
あごを軽く引いて
目線は
1.5～1.8m
先を見る
あぐらで座れないときは正座や椅子に座ってoK!!
膝は90度
になるように
背もたれに
寄りかからないこと

―Part2―
技

よいショットを打たなければ、グリーンにのせなければなど、
何かにとらわれている心を解放できたら……。
ここでは、技術について説明していきます。
よいショットやミスショットの原因を見直して、
それまでの経験を引き出しの中に整理して、
上手に引き出していく、この方法を学んでください。
経験の引き出しを多く使って、できるだけミスを少なく、
小さくしていきましょう。

アドレス

スイングを始めるための「構え」がアドレスです。アドレスを見ればその人の腕前がわかるといわれています。正しいアドレスはとても大切です。

重心はつま先寄り

重心がかかと寄りになっている

CHECK 4

クラブとの距離（ボールとの距離）

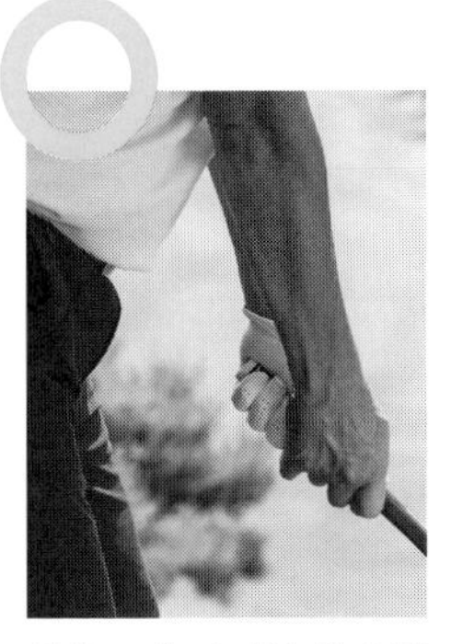

グリップエンドと体の間にこぶし1個半

くっつきすぎ

CHECK 5

背すじ

背すじを張りすぎない

背すじが張りすぎている

CHECK 6

腕

力を入れすぎない

力を入れすぎて腕が伸びている

CHECK 6

CHECK 1 重心

重心は、親指の付け根のふくらみの部分である両母指球にのせます。かかと重心になってしまったり、膝を曲げすぎてつま先のほうに重心がのらなかったりする人が多いようです。ボールにパワーを伝えるためには、アドレス時の重心ののせ方は大事です。

CHECK 2 ボールの位置

1W（ドライバー）の場合は左かかと線上、SW（サンドウェッジ）になると、スタンスの真ん中になります。ただし、ボールの高さを打ち分けるときは、多少変わってきます。例えば、低い球を打ちたいときは、スタンスの右側寄り、高い球を打ちたいなら、左寄りにします（つねに左かかと内側線上という考え方もある）。

CHECK 3 膝

膝は伸ばさないで、少し曲がった状態が、対応力のある膝の曲げ方です。膝を伸ばしてしまうと、安定したアドレスをつくることができませんし、パワーをボールに伝えることも難しくなります。

CHECK 4 クラブとの距離

クラブは、グリップエンドを体とこぶし1個半程度開けて構えます。グリップエンドが体とくっつきすぎると振り抜きが悪くなりますし、離れすぎるとスイング時の安定感が失われます。膝を軽く曲げ、前傾姿勢をとって腕を自然に下げた位置が、グリップの位置とされています。

CHECK 5 背すじ

背すじは張りすぎない、胸も開きすぎないが鉄則です。背すじを張ることで反り腰になり、腰のケガにもつながりますし、胸を開きすぎると上体が上手く捻れません。ゴルフスイングにおいては、張りすぎ、伸ばしすぎは不要なのです。

CHECK 6 腕

腕は力を入れすぎない、伸ばさないことがポイントになります。力を入れすぎて腕が伸びた状態では、スムーズにクラブを振ることができません。力を抜いた自然な腕であれば、クラブヘッドまでいい動きになります。

テークバック～トップ

体（腰）からではなく、クラブヘッドから始動するつもりで。

右腰を引いている

その場で腰を回している

CHECK 6
頭

頭を残しすぎて左に体重が残る

CHECK 7
胸

胸を後ろに向ける

CHECK 8
体重移動

しっかり右に体重がのっている

CHECK 3
右膝

右膝は少し曲がった状態で伸ばさない

右膝が伸びている

CHECK 8

CHECK 1 重心

重心がかかとに移らないことがポイント。重心は、アドレス時にあった親指の付け根のふくらみの部分である両母指球にのせたまま、テークバックの動作に移ります。かかと重心にならないように注意しなければなりません。

CHECK 2 右腰

右腰は背骨を中心に回さないこと。体重がかかとに移ったり、右腰が後ろに引けてしまったりすることがあります。

CHECK 3 右膝

右膝は伸ばさないで、少し曲がった状態のまま、テークバックに入ります。つま先体重のままで膝の高さを変えないことが、ショットの安定感を生むための重要なポイントで、膝への意識は大切です。また、レディースゴルファーは、膝が内側に入りやすくなります。ガニ股のイメージを持つくらいがいいと思います。

CHECK 4 腰の動き

腰の動きは上体の捻れをともないながら行います。テークバック〜トップへの動きはボールを打つための準備の段階、パワーをためる動作です。腰はできるだけその場で回さないようにします。

CHECK 5 クラブの上げ方

バックスイングは体を使ってできるだけ大きく——、そのように理解しているゴルファーが多いと思います。クラブは、体との距離が変わることなく、遠くに上げないことが大事です。肘も張らないようにします。

CHECK 6 頭

ボールをしっかり見る、ヘッドアップはしない——、このことも頭に入りすぎているのではないでしょうか。テークバックの際に自然な体重移動がありますから、それに応じて頭の位置は動いてかまいません。ただ、右左の移動は OK ですが、前後上下に動いてしまうのは NG です。

CHECK 7 胸

胸は後ろに向けるようにします（上体を捻る）。しっかりテークバックをしようとして、胸を後ろに向けるのではなく、上方へ移動させてしまっているゴルファーも散見します。ゴルフの場合は、上下の動きはミスの原因につながります。この点は注意してください。そのときに、右足の親指付け根でしっかり押さえておくことを忘れずに。

CHECK 8 体重移動

バックスイングでは、体重移動が重要になってきます。足踏みをする感覚で、右に体重をのせます。右・左へのコンパクトな体重移動が上手くできれば、パワーのあるスイングに移ることができます。

ダウンスイング

CHECK 2

クラブの動き

○

元の位置にヘッドを戻すつもりで

CHECK 1

タメ

×

タメをつくっている

クラブを振り下ろす動作がダウンスイングです。クラブヘッドを正面に戻してくる動きになります。腰が先行しないように注意が必要です。

左腰だけで動きをつくり出している

CHECK 4

CHECK 1 タメ

トップからダウンスイングに移る動きの中で、タメというのは、体の動きとクラブの動きの時間差ができることで、これによりパワフルなボールを打つことができるといわれたりします。ただ、タメをつくることで、クラブの始動が遅くなり、体の動きとずれが出てしまいます。タメは、トップでの切り返しのタイミングで勝手にできるものなので、意識してつくらないことです。

CHECK 2 クラブの動き

トップからクラブは勝手についてくるといいますが、それはクラブを振り慣れていて、正面でヘッドを返せる人の場合です。そうでない人は、意識してヘッドから始動して、ヘッドを正面に戻すようにすることです。

CHECK 3 重心

重心はつねに前で、かかとに移さないように注意します。重心がかかとに移ることで、左腰が引けて体が開くような動きが生じ、滑らかな動きが損なわれます。重心を前にして、ボールと胸の距離が変わらないようにするのがベストです。

CHECK 4 腰

ダウンスイングに入る際に、左腰だけで動きをつくり出すことはNG。左足の踏み込み、腰の動きと上体の動き（左へ動く）、クラブを正面に戻す（正面で振る）ことで、スムーズなダウンスイングになります。

インパクト～フィニッシュ

胸が飛球線方向に向いてしまう

クラブに体が引っ張られる

CHECK 3
左肘
左肘は伸ばさない
CHECK 4
クラブを担ぐ
腕を柔らかく使っている
CHECK 5
体の向き
胸は飛球線方向
CHECK 6
体重移動

CHECK 6

CHECK 1 胸

多くのゴルファーは、体を回してクラブを振ったほうが、ボールは飛ぶと思っているのではないですか。プロの写真や動画を見てみればわかると思いますが、胸は正面を向けたままインパクトすることです。胸の前で打つことができれば、ミート率が高まり飛距離も確実に伸びます。

CHECK 2 手の返し

手を返す——、簡単そうですが、意外とできていない人が多いです。手首を折って返しているつもりの人がほとんどだと思います。手首を折らずに手をこねる、そうすれば左肘がたためて、クラブヘッドが走るようになります。

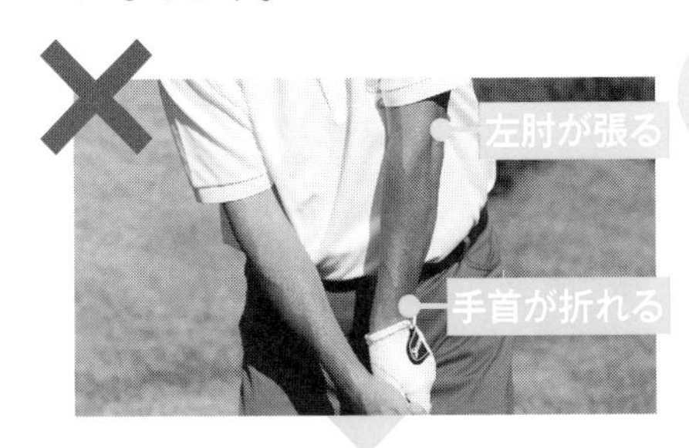

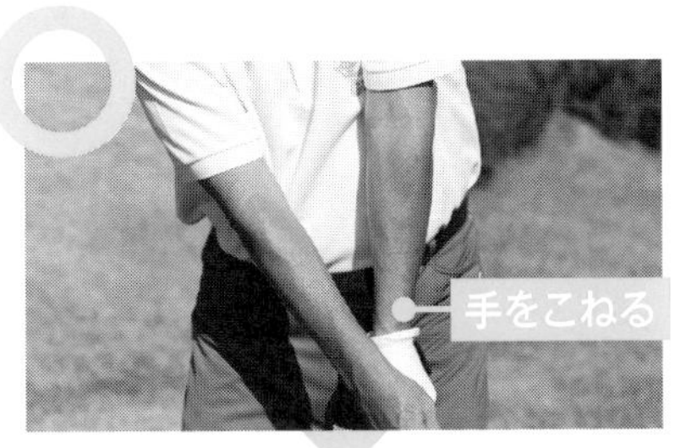

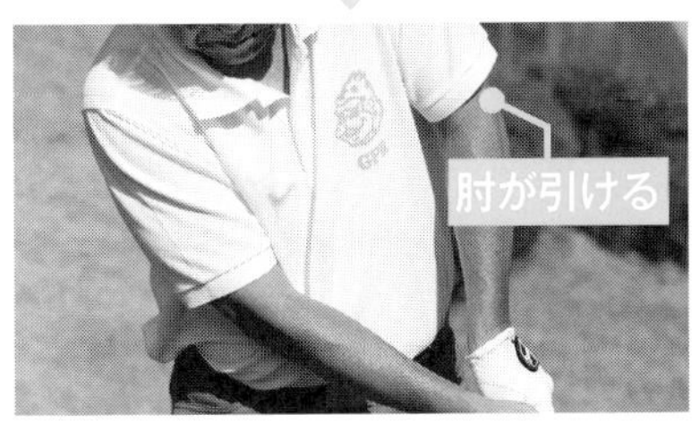

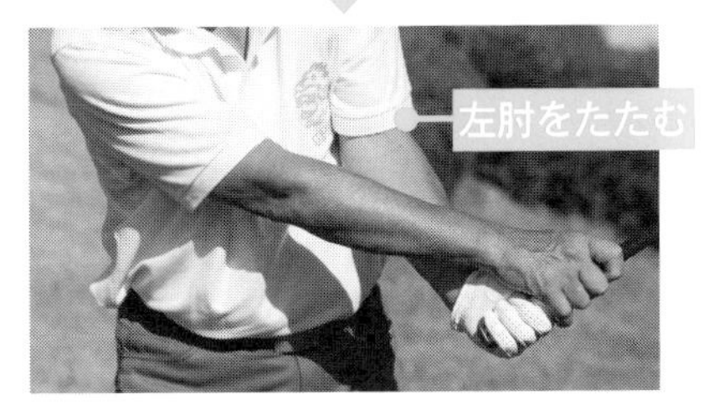

CHECK 3 左肘

インパクト後、肘を伸ばして、フォローを出す（クラブを放り出す）と思っているゴルファーも多いようです。クラブヘッドを走らせるためには、インパクト後、左肘をたたむこと。CHECK2と連動します。

CHECK 4 クラブを担ぐ

左肘をたたんだあとは、自然にクラブを担ぐ（自分に巻きつく）ようにします。クラブヘッドを感じながら、腕、手首を柔らかく使うと、フィニッシュはクラブを担いだ（巻きついた）形になるはずです。

CHECK 5 体の向き

胸の正面でインパクトしたあと、フィニッシュではおへそ、胸は飛球線方向に向きます。体重が左かかとにのると、胸が左を向いてしまったり（左を向きすぎてしまったり）、右に残ると、胸が十分に動かずに右を向いてしまったりします。

CHECK 6 体重移動

目標に向けたおへそ、胸をしっかりキープする姿勢をとるためには、体重を左（かかとではなく母指球の上）へのせなければなりません。しっかり左へのせることで、ブレることのないフィニッシュになり、結果、安定したショットになります。

ショットの重要ポイント

これだけは頭に入れてショットをしてほしい重要なポイント２つをあげます。この２つができるようになれば、ショットはグレードアップするはずです。

POINT 1 しっかり手を使うこと

レッスン書や雑誌の記事には、「体を使ってクラブを振る」「体を使わないとクラブは振れない」などといった解説が記されています。しかし、実際に自分で振ってみると、体を必要以上に使わずに、手でクラブをしっかり振ったほうが、ヘッドスピードは増し、ミート率も上がることを実感できるはずです。体を使う前に、まず手でクラブをしっかり振ってください。

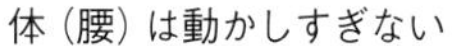

体（腰）は動かしすぎない

クラブに引っ張られて体が動く

POINT 2 正面で振ること

スローモーションでクラブを振ると、ダウンスイングからインパクトのところで、ほとんどの方が手元（グリップ）が先行してきます（クラブヘッドが遅れてきます）。実際に振る場合は、人によって差異はありますが、ボールの10 ～ 15 センチ手前（よく右足の前ともいわれます）で振るイメージを持つと、実際には体の正面で振ることができ、クラブヘッドが走る感じがすると思います。この正面で振ることはとても大事なことですから忘れないでください。

クラブヘッドが遅い　手元（グリップ）が先行している

体の正面でヘッドを走らせる

気持ちのミスの原因を整理する

1. 上手く当たるか不安
2. 上手く打ちたい
3. まっすぐ打ちたい
4. 飛ばしたい
5. OB に行きたくない
6. バンカーに入れたくない
7. 池に入れたくない
8. グリーンにのせたい
9. カップに寄せたい
10. 上手く打てないことを想定する

など

Mindfulness Advice

ミスを許せる優しい心で

自分の欲（〜したい）によって、自分を追い込み苦しめているので、自分に優しく、ミスは許せるようにすること。例えば、よい場所にボールがあるので「よしっのせるぞ」と思うことで、かえって力が入ってしまい、タイミングがずれてミスを誘発してしまう。力を抜いて気楽に、多少のミスは気にしないで打つこと。その結果として上手く打てた、まっすぐ飛んで行った、のった、寄ったでいいと思う。決して自分を追い込まないように。

ゴルフはミスのスポーツ。ミスは出るもの、自分の思いどおりにできることのほうが少ないのです。ここでは、ミスの種類、ミスの原因を明確にして、その対処法を示しています。ミスの原因を整理して、上達につなげていってください。

技術的ミスの原因の解説と対処法

ゴルフは自然の中で行うスポーツです。雨の日も風の日も、猛暑でも寒風が吹く中でも、冷静に判断しながらプレーを進めなければなりません。ミスがなぜ起きるのか、その解説と対処法を整理して説明します。

1 振りすぎ（力みすぎ）

解説 飛ばしたい、人より5ヤードでも前に進めたいと思うことによって、スイングが必要以上に大きくなり、体が動きすぎて、かえってクラブが振れなくなってしまい、トップやダフリ、プッシュアウトが出る。

対処法 力を抜いて、70～80パーセントくらいの気持ちでクラブ（クラブヘッド）を振る。

2 体の使いすぎ

解説 クラブを振ることではなく、体を先に動かすことによって、切り返しで反動になり、手元（グリップ）が先行して、クラブが遅れて戻ってしまう。トップやプッシュアウト、ダフリが出る。

対処法 体からではなく、腕を伸ばさずにヘッドから始動してクラブを振る。

Mindfulness Advice

深呼吸してリラックス

上手く打とうとすると、自分を追い込んで力が入りすぎてしまったりするので、まず、深呼吸をして、体の力を抜くこと。そして、よいリズムでスイングすることを心がける。

3 腰を動かしすぎ

解説 その場で腰を回そうとして、右腰が引けてしまい、クラブがインサイドに上がりすぎる。重心がかかとにあると腰が引けてしまい、それによって膝が伸びて脚が突っ張る。

対処法 クラブヘッドから始動することで、あとから腰を動かすつもりでスイングする。重心をつま先（母指球）にして、膝を少し曲げたままでスイングする。

4 アドレスの向きが違う

解説 クラブをセットする前にスタンス（足）の位置を決めてしまうことによって、打ちたい方向に構えることができていない（スタンス、肩のライン、フェースの向き）。フック、スライスなどいろいろなミスが出る。

対処法 クラブフェースを打ちたい方向に合わせてからクラブを握り、ボールに正対してスタンスをとり、足を開いてアドレスする。フェースの向きとスタンス、肩のラインの関係は直角になるようにする。

5 ボールの位置が違う

解説 4でのアドレスが正しくできていないと、ボールの位置が変わってしまう。正しいアドレスをして、1Wで左かかと線上、ショートアイアンはスタンスの真ん中と、ボールの位置は変わっていく（つねに左かかと内側線上という考えもある）。

対処法 ボールの位置が違うと、プッシュアウト、ひっかけ、ダフリ、トップが出る。クラブの番手に合ったところにボールを置けているか、打ちたい球筋に合ったところにボールを置けているかを確認する。クラブによってスタンス幅は変わり、1Wは広く、ショートアイアンは狭くする。

6 ボールとの距離が合っていない

解説　クラブを振るにあたって、クラブが通るスペースをつくれているか。適正な重心の位置で立てているか。スペースがつくれていて、適正な重心位置に立っていることがポイントになる。できていないと、ボールとの距離が近すぎたり遠すぎたりして、トップ、シャンク、ダフリ、プッシュアウト、ひっかけが出る。

対処法　重心がかかとにあって、ボールとの距離が近いと、クラブを振るスペースがなくなり、クラブを振りにくくなる。逆に、ボールとの距離が遠すぎると、お尻が後ろに出て、かかと重心になり、腰が引けてしっかり振れなくなる。重心を前にして、グリップエンドは体との間に握りこぶし1個半程度のすきまができるくらいにして構える。

解説　始動が早くなると、切り返しで間がとれなくなり、反動でクラブを動かしてしまう（ヘッドを感じられない）。トップ、ダフリ、プッシュアウトが出る。

対処法　スムーズに振れるテンポを探す。そのときの始動は、体（腰）やグリップからではなく、クラブヘッドからすること。急いて上げると間がとれなくなり、反動でクラブヘッドが遅れてしまい、ミスにつながりやすい（とくにアプローチは注意）。

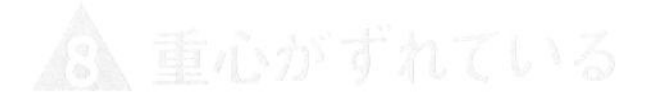

解説　つま先（母指球）、土踏まず、かかと、どこにあればよいかを考える（感じる）。ボールとの距離が近かったり遠すぎたりすると、腰を回転させて、重心がかかとにいきやすい。

対処法　スポーツ全般で言えることだが、体重移動が必要なもののほとんどは、重心がつま先（母指球）になる。多くの人は土踏まずが浮いているので、感じることができない。かかとに体重がのると、回転はできるがスムーズにクラブを振るための体重移動はできなくなってしまうので、重心をつま先にのせるようにする。

9 ボールに当てにいく

解説 クラブを振ることを忘れて、ボールに上手く当てることに意識をもっていきすぎる（クラブヘッドをボールに当てて終わりにしてしまう）。トップ、プッシュアウト、ダフリが出る。

対処法 トップからフィニッシュまで、途中で止めずにクラブを振る（振り切る）。

10 インパクトをゆるめる

解説 テークバックをしてミスを嫌がって、インパクトする前にスピードをゆるめる。トップやダフリ、飛ばなかったりする。

対処法 インパクトをしっかりする。途中で力を抜かない（ゆるめない）。振り切る。

Mindfulness Advice

気にすれば気にするほど

打つときに、行かせたくない場所が気になったら、気にすれば気にするほど行きやすいので、そのことにとらわれずに手放して、一度深呼吸をしてから正しくアドレスして、リズムよく振ること。

11 体重移動ができない

解説 頭を動かさないようにしている、腰をその場で回転させている。

対処法 歩くことは体重移動なので、少し大きく足幅を広げて足踏みをする。そのときに頭は動かしてよい。

腰がその場で回転している

頭は動かす

12 頭を動かさない

解説 頭を動かしてはいけないと思っている。トップやダフリが出る。1軸回転ではないので、左右の体重移動により、頭も動いていい。11の写真を参考にしてください。

対処法 体重移動するので、頭も右左に動かす。

13 ヘッドアップ

解説 インパクトの前に打ちたい方向を見る。トップやダフリ、プッシュアウト、ひっかけが出る。

対処法 トップで間をつくって、胸を正面に向けたままクラブヘッドが通りすぎてから顔を上げる。

14 腕を伸ばしすぎ（肘を張りすぎ）

解説 腕に力が入って伸びてしまい、肘も突っ張ってしまう。

対処法 手首、肘は力を抜く（リラックスさせる）。肘は伸ばさずに（曲げて）振る。それにより、腰（体）を使わなくてもクラブが振れる。

POINT

スムーズにクラブを振るためには

脚を踏ん張ったり、腕を伸ばしたりせずに、前に歩きながら連続で打つ。体重移動、リズム、正面で振るという感覚を養う。

前に歩きながらクラブを振ってボールを打つ

前に歩きながら、途中でクラブを止めずに、リズムよく連続で打つ。左足を前に踏み込んだときにインパクトする

左足上がり

左足上がりの場合はボールを上げたくなるので、無理に上げないように注意が必要です。

CHECK 1
重心

バランスよく立てる場所

CHECK 3
ボールの位置

重心	やや左（傾斜がきつくなると右足にのりやすくなる）
ボールの位置	スイングの最下点（右に置くとボールが上がらない）
肩のライン	地球に対して垂直（傾斜どおりにするとボールが上がりやすくなる）
スタンス	通常より狭くする
スイングの大きさ	正面を向いたままバランスよく振れる大きさ
体重移動	バランスよく振るためにあまりしない
膝	伸び上がらない（少し曲げたまま）

CHECK 2

肩のライン

地球に対して垂直

傾斜どおり

CHECK 5

スイングの大きさ

スイングは最下点を探したときの連続した素振りの大きさ

CHECK 4

スタンス

スタンスは肩幅

広すぎるスタンスはNG

CHECK 6

体重移動

大きく動きすぎる

CHECK 6

CHECK 1 重心

地球に対して垂直のときは左サイド、傾斜に対して垂直に立ったときは右サイドになります（P74の写真参照）。

CHECK 2 肩のライン

肩のラインは、重心によって変わります（P51の写真参照）。

CHECK 3 ボールの位置

ボールの位置は、連続素振りの最下点です。左に重心があればボールの高さは低くなり、右に重心があれば、ボールは高くなります。どういうボールを打ちたいかによって、重心の位置を変える必要が出てきます。

CHECK 4 スタンス

傾斜に沿ってボールを打たなければならないので、スタンスは広めでがっちり構えるのがいいと考えがちです。左足上がりではフルショットするわけではないので（体重移動を多くする必要がないので）、スタンスは肩幅（広くしすぎない）で、がっちりではなく、対応力のある構えのほうがミスは少なくなります。

CHECK 5 スイングの大きさ

バランスよく立ったときのスイングの大きさは、最下点を探した連続素振りの大きさです。

CHECK 6 体重移動

傾斜地では距離を出す、必要以上にボールを高く上げるのではなく、できるだけシンプルに、コンパクトなスイングで打っていくことが大事です。バランスよく振るには、あまり体重移動しないことです。

左足下がり

左足下がりが苦手というゴルファーは多いです。傾斜どおりにクラブヘッドを動かすことが大事！

ボールを上げようとしている

肩のラインは傾斜どおり

重心	少し左サイド（傾斜がきつくなると、だいぶ左体重になる）
ボールの位置	スイングの最下点（右に置きすぎるとダフリ、シャンクになりやすい）
肩のライン	傾斜どおりに近いイメージで
スタンス	通常どおり（傾斜がきついときは左足を引いてオープンスタンス気味に）
スイングの大きさ	正面を向いたままバランスよく振れる大きさ
体重移動	バランスよく振るためにあまりしない
膝	伸び上がらない（少し曲げたまま）

CHECK 5

フィニッシュの左膝

膝が伸び上がっている

スタンスはバランスよく立てる広さ

CHECK 4

スタンス

CHECK 6

体重移動

体重移動を最小限にして体の前でヒットする

CHECK 6

CHECK 1 重心

傾斜どおりにクラブを動かしたいので、傾斜に垂直に立ちます。左足下がりの傾斜地でも、基本の重心は左足になります。体重移動を少なめにして、フィニッシュの体勢を準備します。傾斜地どおりに立って、重心は左サイド、バランスのとれる重心を身につけてください。

CHECK 2 肩のライン

左足下がりでは、とにかく傾斜に逆らわないことをイメージします。肩のラインは傾斜どおりにします。

CHECK 3 ボールの位置

ボールの位置は、連続で素振りをしたときに、ヘッドが地面をこする所です。傾斜どおりにアドレスするため、クラブのロフト角がなくなるので、低いボールになります（左足下がりはボールを上げないようにすること）。

CHECK 4 スタンス

左足下がりでも、体重移動はほぼしないので、スタンスはバランスよく振れる広さで、体が開かないようにして、コンパクトにスイングします。

CHECK 5 フィニッシュの左膝

膝は、構えたときの高さをキープすることが大切で、左膝が伸びてしまうと上体が起き上がったり、体が開いたりしてしまい、大きなミスになります。

CHECK 6 体重移動

一般的に、傾斜地ではスイングをコンパクトにして、しっかりミートすることといわれます。平らなところから打つわけではないので、練習場で繰り返し学んだとおりには打てません。体重移動をほぼしないで、コンパクトなテークバックから、体の正面でインパクトしたら、ミスの確率がぐっと減るはずです。

＊応用として、地球に垂直に立ったときの対処は、重心が右サイドになり、肩のラインは地球に垂直、スタンスは少しオープン、クラブの軌道はアウトサイドインにします。

つま先上がり

つま先上がりの場合、ボールの近くに立ってしまいがちなので、注意が必要です。

CHECK 6つ

かかと体重は NG

重心	つま先寄り
ボールの位置	スイングの最下点（右に置くとボールが上がらない）
姿勢	前傾は平地とほぼ同じ（傾斜がきつくなるにつれてクラブを短く持つ）
スタンス	通常より狭くする
スイングの大きさ	傾斜でバランスよく立っていられる大きさ
体重移動	あまりしない
膝	伸ばさないようにする（少し曲げたまま）

CHECK 4

両膝

両膝の高さを変えない

<重要！>

右を狙って打つ

つま先上がりの場合は、傾斜がきつくなるとボールは左に行きやすくなるので、右を狙って打つ（ボールの位置が高くなるとクラブフェースが左を向くため）。

CHECK 5

体重移動

回転するのはNG

CHECK 6

スイングの大きさ

コンパクトなスイングがミート率を高める

CHECK 6

CHECK 1 重心

ゴルフ場に限らず、前上がりの傾斜地に立つときは、バランスをとるため、無意識のうちにつま先に重心をかけていると思います。かかと側に重心をかけると立っていられないはずです。ゴルフ場でも同じことです。体勢を崩すことなくバランスをとるためには、つま先寄りに体重をかけ、自然にしっかり立てることが最優先です。

CHECK 2 前傾

重心を前にしてアドレスし、前傾をキープしたままスイングします。そのことによりCHECK 6につながっていきます。

CHECK 3 ボールの位置

重心を前にしてバランスよくアドレスして、連続素振りで地面に当たるところです。

CHECK 4 両膝

ボールの高さが平地の場合より上の位置にあるため、ボールとの距離（近くに立ちすぎない）に慣れなければなりません。膝にゆとりを持って構えて、体の前でヒットする、フィニッシュする、それぞれの動作で、両膝の曲げ具合を変えることなく、キープしなければなりません。せっかくボールとの距離を適度に保って構えてヒットしているのに、フィニッシュの段階に入ると、両膝が伸びて上体も伸び上がっているゴルファーが多く見受けられます。両膝の高さを変えることなくボールをヒットする感覚を身につけてください。

CHECK 5 体重移動

どの傾斜地でも同じですが、とくにつま先上がりでは、コンパクトなスイングで、体重移動はほぼなしで、確実に打つことが大事です。多少、右、左に動いたとしても、回転してかかとには重心が移らないようにすることです。

CHECK 6 スイングの大きさ

スイングというのは、１つ１つの要素が連動しています。大きいスイングをする➡体重移動が大きくなる➡飛距離が出る（上手くいった場合）。ただし、大きくスイングすることでミート率が下がってしまい、ミスショットを連発してしまうことにもつながるのです。つま先上がりの状況では、スイングを小さくすることで、ミスショットを減らしてください。

つま先下がり

つま先下がりの場合、大事なのは前傾姿勢を変えないこと。足裏全体に重心があるイメージで（かかと体重にしない）、体の前で振ります。

CHECK 6つ

CHECK 2
前傾

○ 重心はつま先に

× かかと体重は NG

CHECK 3
ボールの位置

CHECK 1
重心

重心	少しスタンスを広げて安定させる
姿勢	傾斜に応じて膝を深く曲げる
ボールの位置	スイングの最下点
スイングの大きさ	傾斜でバランスよく立っていられる大きさ
体重移動	スタンスが少し広いので若干体重移動するが、必要以上にしない
膝	伸び上がらない（少し曲げたまま）

CHECK 4

両膝

膝は曲げたままで

膝は伸び上がらない

CHECK 5

体重移動

体重移動はほぼない

CHECK 6

スイングの大きさ

コンパクトに体の前で振る

CHECK 6

CHECK 1 重心

つま先下がりの場合は、つま先寄りに重心をかけます。腰を落としてかかと重心になっているゴルファーを見ることもありますが、その体勢では体が浮き上がったり、体重がかかとに残ったりして、いいインパクトを迎えることができません。

CHECK 2 前傾

つま先下がりの場合は、ボールの位置が平地の場合より低いところにあります。膝の高さを変えずに前傾角度を変えないことがポイントで、安定感のためには不可欠です。上体が起き上がる、膝が伸び上がると大きなミスを生んでしまいます。

CHECK 3 ボールの位置

重心がかかとにいかないように、重心を前にしてアドレスし、前傾をキープしたままバランスよく立ち、連続素振りをしたときに、地面にこする所がボールの位置（最下点）です。

CHECK 4 両膝

ボールの高さが、平地の場合より下の位置にあるため、ボールとの距離を適切にするため、膝にゆとりを持って構えます。体の前でヒットする、フィニッシュする、それぞれの動作で、両膝の曲げ具合を変えることなく、キープしなければなりません。フィニッシュの段階に入ると、両膝が伸びて上体も伸び上がってしまいがちです。両膝の高さを変えることなくボールをヒットしなければなりません。CHECK2 と連動します。

CHECK 5 体重移動

つま先下がりでは、体重移動なしのコンパクトなスイングで、確実にヒットすることが何より大事です。つま先下がりの場合、上体が起き上がる、両膝が伸びるといった、上下の移動も起きやすいため、構えの姿勢のましっかり手でクラブを振ってください。

CHECK 6 スイングの大きさ

つま先下がりの場合は、コンパクトにスイングすることで、上体のムダな動き、余分な体重移動がなくなります。傾斜地でのショットは、飛距離を出す、グリーンに確実にのせる、ピンに寄せるということをひとまず置いておいて、正しく対処（スイング）することを優先してください。大した傾斜地ではないと思っていても、予想以上にミスを誘発するものです。傾斜地の基本的な打ち方で、大きなミスを回避しましょう。

気持ちのミスの原因を整理する

1 ボールを上げたい
2 飛ばしたい
3 上手く打ちたい
4 のせたい　　など

Mindfulness Advice

バランスよく立ってバランスよく振るだけ

「上手く打とう」、「飛ばそう」、「ボールを上げよう」、「のせなければ」――、こんな言葉がけを無意識のうちにしていないだろうか。知らず知らずのうちに自分を追い込み、よい結果を求めすぎては、自分のイメージした結果からどんどん離れてしまう。
よい結果を得ようとする思いに気づいて、そんな思いを手放して、傾斜に対してバランスよく立ち、その体勢を崩さない程度の大きさ（強さ）でスイングすればいい。ただそれだけのことと思おう。

傾斜地からのミスの原因は、平地に比べてさらに複合的に絡み合ってきます。ショット編と同様に、ミスを、気持ちによるミスなのか、技術的なミスなのか、そしてその結果がどうなっているのかをはっきりさせることがとても重要になってきます。

技術的ミスの原因の解説と対処法

傾斜地でのミスの原因とその対処の方法を説明します。傾斜地では平地で打つショットと違って、ボールとのコンタクトの難易度が高くなります。ただ、それぞれの状況に応じて的確な対処をすれば、ミスはぐっと減るのです。

「左足上がり」（やや左体重）
1 大振り、伸び上がる、体が開く

解説 左体重で、ほぼ体重移動しないように振る。そうすることで、スイングはコンパクト（小さく）になるはずだ。平地での通常のスイングをすると、テークバックで動きすぎたり、インパクトで伸び上がり、ひっかけやダフリ、体が起きたり開いてしまったりして、トップや右にプッシュアウトしがちになる。

対処法 重心をやや左にして、スイングはコンパクトにする。

「左足上がり」（右体重）
2 飛ばない、体が開く

解説 右体重になるので、そのまま右に体重が残りすぎると、ボールを左にひっかけてしまう。普通に打てても、ロフトが開くのでボールが上がって、思ったほど距離が出ない。

対処法 ミスを少なくするためには、どちらかといえば、やや左体重がおすすめ。ただ、ボールを上げたいなど、特別な場合は右体重にすることもある。

「左足下がり」（左体重）
3 左膝が伸びる、上体が突っ込む、ボールを上げようとする

解説 左体重でアドレスしたときに、力が入って膝が伸びてしまい、腰が引けて、上体が突っ込んで左にひっかける。また、ボールを上げようとして上体が起きて、手元が先行してトップやダフリになる。

対処法 急がずに膝の高さを変えずに（曲げたまま）、正面を向いたままコンパクトに振る。

「左足下がり」（右体重）
4 ボールを上げようとする、振るスペースがない

解説 右体重でボールを上げようとして、右肩が下がり、トップやダフリになる。また、ボールとの距離が近くなるので、クラブを振るスペースがなくなる。

対処法 オープンスタンスにして、クラブをアウトサイドイン（傾斜どおり）に振るイメージにすると、ボールは飛ばないがミスは少なくなる（ダフリにくくなる）。

「つま先上がり」（つま先体重）
5 膝が伸びる、体が開く

解説 ボールの位置が少し高くなるので、フェースが左を向き、ボールが左に行きやすくなるので注意。気持ち横振りのイメージにする。腕や膝に力が入りすぎて伸び上がり、ダフリやトップになる。また、上体も開いたりして、プッシュアウトになりやすい。

対処法 つま先体重で、膝を曲げたままコンパクトに打つ。傾斜がきつくなったら、アドレスは少し右を向くようにする。

「つま先上がり」（かかと体重）
6 上体が起きる、手元が先に行く

解説 かかと体重で打つとボールは左に行きやすい。ボールを当てにいくと、上体も起きやすく、腰も引けて、手元が先行しやすくなり、プッシュアウトやシャンクが出やすい。

対処法 かかと体重にするとボールが近づきすぎたり、プッシュアウトになったり、ミスが大きくなるので、できればつま先体重にして、コンパクトに振るのがおすすめ。

「つま先下がり」（つま先体重）
7 膝が伸びる、ボールに当てにいく

解説 上手くボールに当てにいこうとすると、力が入って、膝が伸び上がってしまい、ひっかけやダフリが出る。上体が起き上がると、トップやプッシュアウトになる。

対処法 つま先体重にして、膝の高さを変えないように（膝を曲げたままで）、全体的に柔らかくコンパクトに振ること。

「つま先下がり」（かかと体重）
8 上体が起きる、振るスペースがない

解説 かかと体重になるので、ボールが左に行きやすい。また、上体が起き、体も開きやすく、ダフリやプッシュアウト、シャンクと大きなミスが出やすい。ボールに近づきやすくなるので、振るスペースがなくなる。

対処法 傾斜がきつくなると、かかと体重になりやすいが、なるべくかかと体重にならないように気をつける。

VARIATION

POINT

バランスよくコンパクトに

平らなところでのショットと同じではなく、傾斜でバランスよくアドレスし、バランスよくコンパクトに振ることが大事。

Mindfulness Advice

結果の良し悪しにとらわれない

よいショットをすると“もう一度”と欲を出し、自分を苦しめることにつながり、悪いショットならば、そのミスを引きずって、次のショットに不安が残る。
一喜一憂することなく、その結果を受け入れ、次の段階では、自分のできること（正しいアドレスをして、状況に応じたスイングをする）を繰り返すだけだ。状況に応じたフルショット（傾斜でバランスよく振れる大きさ）を体で感じて実践すること、これに柔軟に対応しよう。

<再確認！>

【つま先上がり】
- ボールの位置が高くなるとフェースが左を向き、ボールが左に行きやすくなるので注意。

【つま先下がり】
- 傾斜がきつくなると、かかと体重になりやすい。かかと体重にならないように気をつけること。

傾斜地での注意するポイント

傾斜の種類	重心	ボールの位置	ボールの高さ ボールの方向
左足上がり	◎やや左	連続で素振りをしたときの地面に当たるところ	中〜低
	右	連続で素振りをしたときの地面に当たるところ	高
左足下がり	◎やや左	連続で素振りをしたときの地面に当たるところ	中〜低
	右	連続で素振りをしたときの地面に当たるところ	中
つま先上がり	◎つま先	連続で素振りをしたときの地面に当たるところ	まっすぐ
	つま先（傾斜が強い）	連続で素振りをしたときの地面に当たるところ	少し左
	かかと	連続で素振りをしたときの地面に当たるところ	左
つま先下がり	◎つま先	連続で素振りをしたときの地面に当たるところ	まっすぐ
	かかと	連続で素振りをしたときの地面に当たるところ	右、左

傾斜地では傾斜地なりの振り方があることを学んで、大振りせずにバランスよく振ることがポイントです。そして、番手どおりの距離を求めない、ボールを上げようとしないことも大切です。

◎はおすすめ（やさしく打てる）

体重移動	スイングの大きさ	起こるミス	原因
少し	最下点を探すために連続で素振りができる大きさ	トップ、ダフリ、右	体の起き上がり（左膝が伸びる）、体の開き
少し	最下点を探すために連続で素振りができる大きさ	左	右体重になる
少し	最下点を探すために連続で素振りができる大きさ	トップ、ダフリ、右	体の起き上がり（左膝が伸びる）、体の開き
しない	最下点を探すために連続で素振りができる大きさ	トップ、ダフリ、シャンク、左	右体重になり、ダウンできゅうくつになる
少し	最下点を探すために連続で素振りができる大きさ	ダフリ、プッシュ、トップ	両膝が伸びる ボールに当てにいく
少し	最下点を探すために連続で素振りができる大きさ	左	フェースが左を向く
しない	最下点を探すために連続で素振りができる大きさ	プッシュ、シャンク	かかと体重でフェースが開く
少し	最下点を探すために連続で素振りができる大きさ	右、ひっかけ、トップ、ダフリ	体が伸び上がる 体が開く
しない	最下点を探すために連続で素振りができる大きさ	プッシュ、ダフリ、シャンク	かかと体重でひっかける 上体が開く

傾斜地での立ち方の注意点

●左足上がり

①両足をそろえて立つ（バランスよく立てる場所＝重心を探す）

地球に対して垂直に立つとき

傾斜に対して垂直に立つとき

②重心が変わらないようにアドレスをする（足を開いて膝を少し曲げる）

ゴルフは、自然の環境の中でボールを打つスポーツです。練習場のマットの上で打つのと違って、ボールを打つ地面はさまざまです。左足が上がる打ち上げの傾斜があったり、つま先が下がった前下がりの傾斜地があったり……。そんな平らではない地面の中で、その地面にバランスよく立ってスイングすることが、上達するうえで大きなポイントになります。

●左足下がり

①両足をそろえて立つ（バランスよく立てる場所＝重心を探す）

地球に対して垂直に立つとき

傾斜に対して垂直に立つとき

②重心が変わらないようにアドレスをする（足を開いて膝を少し曲げる）

●つま先上がり　　●つま先下がり

①両足をそろえて立つ（バランスよく立てる場所＝重心を探す）

②重心が変わらないようにアドレスをする（足を開いて膝を少し曲げる）

POINT

ボールの位置を素振りで確認

バランスよく立って、そのバランスのままで、連続して素振りを行う。大振りをしないように注意しながら何度か素振りをして、スイングの大きさを体感する。そのときに地面をこする場所がボールの位置。

<重要！>

振り幅を 70 パーセントに

傾斜のきつさにもよるが、平地を 100 パーセントとすると、傾斜地では 70 パーセント程度の振り幅を意識して振る。その場合のフィニッシュは、最後まで振り切る必要はない。

バンカーショットの成功の秘訣は直接ボールを打たないこと

バンカーショットといってもいろいろあります。フェアウェイに長くレイアウトされているバンカーもあれば、グリーン周りに大きな口を開けているバンカーもあります。それぞれのバンカーの状況で、臨機応変に対応していかなければなりませんが、まず、代表的なグリーン周りのバンカーについて説明します。

グリーン周りのバンカーショットは砂を爆発（エクスプロージョン）させて飛ばすショットです。直接ボールを打つ、ほかのショットとは根本的に違っています。砂の打ち方を理解して、状況によって砂の飛ばし方を向上させることが、バンカーショット成功の第一歩です。

バンカーの難しさはソールできないこと

芝の上のショットの場合は、何度か素振りをして、芝の感触、ライの確認などをすることができますが、バンカーショットの場合は、砂の上にソールする（クラブヘッドを地面につける）ことができません。ボールがどのような状態になっているのか、想像で確認することになります。砂が軽かったり、しっかり締まった状態だったりと、一様ではないため、打った瞬間に思わぬ結果になってしまうこともしばしばなのです。

多くのゴルファーが、バンカー内に入って、シューズで砂をならす光景を見たことがあると思いますが、これは足の裏で砂の状態を確認している場合がほとんどです。その状態を把握して、その状況に応じた打ち方をしなければならないということです。

目的に合った砂の打ち方を知る 砂を多く取るか少なめにするか

バンカーショットは砂を爆発させてボールを飛ばすショットですが、自分

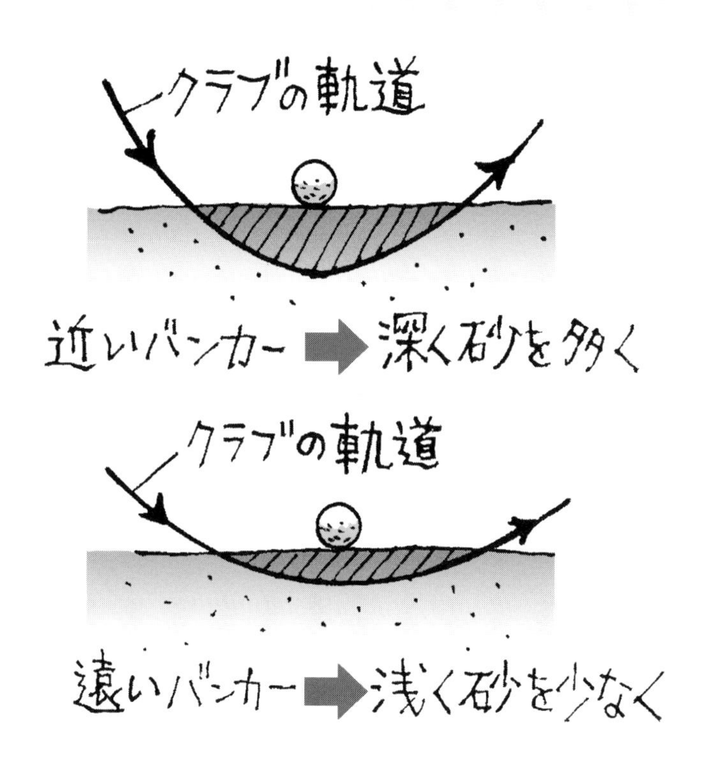

の目的に合った砂の打ち方をすることがポイントになってきます。

バンカーショットは難しい、1回で脱出できる気がしない、そんな方や、苦手意識がある人は、以降にまとめています気をつけたいことを確認してください。苦手意識、脱却できない恐怖心が、バンカー上達を阻んでいることが多いですから、そのあたりも克服してください。

POINT

- 近いバンカー ▶砂を多く取る
- 遠いバンカー ▶砂を少なく取る
- 砂を多く取るとき ▶クラブは鋭角に入る
- 砂を少なく取るとき ▶クラブは鈍角に入る

アドレス

CHECK 7つ

スタンスは肩のラインと平行に。あまりオープンにしない

左体重

バンカーショットは、ボールを上げたくなってしまうので、左肩が上がったアドレスになったり、すくい打ちをしたりしがちです。アドレスができるかどうかで結果が大きく左右するショットでもあります。重心を低くしてしっかり打ち込みましょう。

地球に垂直にアドレスする

左肩を上げない（ボールを上げようとしない）

必要以上に開くのはNG

あまり開かないほうがやさしく打てる

CHECK 7

CHECK 1 膝

バンカー内では、膝を曲げて重心を下げることが非常に大切です。膝の柔軟性を残したまま、しっかり低い姿勢で構えることで、砂を爆発させて飛ばすショットを打つことができるのです。重心を下げるといっても、かかと体重ではなく、バンカー内でもつま先体重を意識します。

CHECK 2 重心

重心位置はつま先側の少し左体重が一般的です。左 6、右 4 くらいの意識がいいと思います。ケースによっては、左 5、右 5 でもオーケーです。バンカーの場合は、ボールを上げて脱出させたいと思うあまり、右足体重になりやすいので注意してください。

CHECK 3 スタンス

CHECK2 でも触れましたが、ボールを上げたい、脱出させたいということで、オープンに構えてアウトサイドインに打っていきたくなるようです。あまりオープンにしないほうが、砂をしっかり飛ばすことができます。

<重要！>

オープンにする必要なし

フェースを開きがちなので（フェースが右を向く）、ボールが右に飛ぶから、左を向くと思っている人が多いようだ。ボールは直接フェースに当たらない（砂が間に入る）ので、スタンスしている方向（砂が飛ぶ方向）にボールは飛ぶ。したがって、オープン（左を向く）にする必要はない。

CHECK 4 フェースの向き

バンカーショットの場合、多くのゴルファーが、フェースを開いて打つのが正解と思っているのではないでしょうか。プロゴルファーは確かにフェース面が上を向いた状態で打っています。しかし、必要以上に開いて打つのは、バンカーショットを難しいものにします。まずは開かずに打つことをおすすめします。

CHECK 5 手の位置①

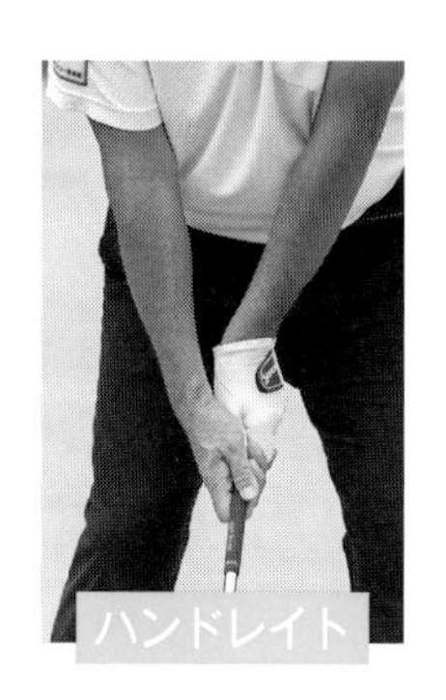

手をボールの位置より先に出すのがハンドファーストです。アプローチなどを打つ場合に、ダウンブロー（打ち込む）に打つには適していますが、バンカーショットでは逆のハンドレイトをおすすめします。目玉（ボールが砂に埋もれている状態）の場合はハンドファーストでしっかり打ち込んでください。

CHECK 6 手の位置②

CHECK1 の重心を下げることで、ハンドダウンに構えることができます。手の位置を低めにすると、安定したアドレスをつくることができ、安定したショットにつながります。

CHECK 7 肩のライン

バンカーショットはボールを上げなければいけないという意識が強いため、無意識のうちに左肩が上がりがちになってしまいます。地球に垂直に立つつもりで、左肩を上げてのアドレスは要注意です。

テークバック～ダウンスイング

CHECK 1
**バック
スイング**

CHECK 2
ボールとの距離

遠くに打つ場合、近くに打つ場合で立つ位置は変える。左は遠くに打つ場合、右は近くに打つ場合

バンカーショットは、砂を飛ばすショットです。芝の上でのショットより抵抗が大きいぶん、しっかりクラブのヘッドを振らなければなりません。体の前で、体を使って振るのではなく、手を柔らかく使ってヘッドを振ってください。

CHECK 3

目玉のときのインパクト

目玉のときはフェースを閉じて打ち込む

CHECK 4

クラブ選択

CHECK 4

CHECK 1 バックスイング

砂から打つバンカーショットの場合は、芝の上から打つときに比べ、砂の抵抗があるぶん、少し大きめのバックスイングになります。そして、ゆるめることなくしっかり振ることを心がけてください。

CHECK 2 ボールとの距離

ボールとの距離は、臨機応変に変える必要があります。ピンまでの距離がある場合は、ボールとの距離を近くして、ピンまでが近い場合は、ボールとの距離を遠くすると、砂を飛ばす量をコントロールしやすくなります。

CHECK 3 目玉のときのインパクト

目玉になってしまったときは、クラブのフェースを閉じて、ヘッドを砂にもぐり込ませるつもりで打ち、その勢いで脱出させます。そばに寄せようなどと考えずに、まず脱出が最優先です。

<重要！>

脱出を優先させる

重心を低くして、下半身を使いすぎないようにしっかり打ち込んで、砂と一緒にボールを出す。ピンに近づけるより脱出を優先させると、バンカーが怖くなくなる。

CHECK 4 クラブ選択

バンカーに入ったら、SW（サンドウェッジ）を使うと決めている人が何と多いことでしょう。もっと臨機応変に、少しピンまでの距離がある場合には、AW（アプローチウェッジ）、PW（ピッチングウェッジ）、9アイアン、7アイアンでもいいと思います。自由な発想でクラブ選択をして、バンカーショットの引き出しを増やしてください。

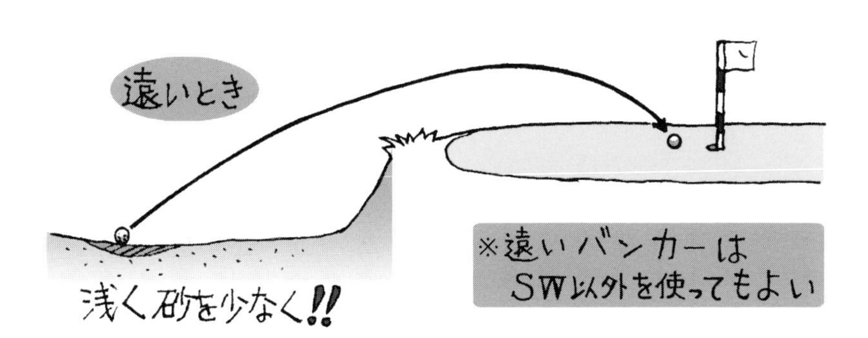

気持ちのミスの原因を整理する

1 ボールを上げたい
2 上手く出したい
3 トップはしたくない
4 ダフリすぎない
5 シャンクはしたくない　　など

Mindfulness Advice

正面でただクラブを振るだけ

バンカーでは、まずボールを上げようと思わないこと。力まずに気楽な気持ちでクラブのヘッドの重さを感じて下半身を安定させて打つことが何よりも大切だ。ホームランやもう一度バンカーの思いにとらわれないように、アドレスを決めて正面でただクラブを振って、砂と一緒にボールを出そう。

バンカーショットは、ボールとクラブフェースの間に砂が入るので、普通のショットとは異なります。バンカーショットのミスの原因を整理します。ゴルフはミスのスポーツと先述しましたが、バンカーショットはもっともミスが生まれやすいショットかもしれません。思いどおりに振り抜くことができないバンカーショットにおける、気持ちのミス、技術的ミスの種類と原因を明確にしていきましょう。

技術的ミスの原因の解説と対処法

多くのアマチュアゴルファーは、「バンカーに入れたくない」という気持ちでラウンドしているのではないでしょうか。バンカーに入れること自体がミスショットから生まれることが多く、そのミスを引きずってのバンカーショットですから、よりミスを重ねてしまいがちです。

1 左肩が上がっている

解説 バンカーの場合、無意識のうちにボールを上げたいという気持ちがあるため、左肩が上がったアドレスをしがちになる。左肩を上げすぎると、ボールを上げようとしすぎてしまい、かえって砂に深くクラブを入れてダフったり、それを警戒してトップしたり……。

対処法 左肩を上げずに地球に対して垂直に構える。ハンドファーストにならないように、ハンドダウンで構える。

ボールを上げようとしている

2 ボールの位置が右すぎたり左すぎたり

解説 ボールの位置が右すぎるとハンドファーストになって、トップやダフリになる。左すぎるとボールを上げるアドレスになりすぎて、トップやダフリになる。

対処法 重心をつま先、親指の付け根あたりにして、体重配分は左6、右4、あるいは5対5にする。ボールの位置はほぼ胸の真下にする。バンカーでは、膝を曲げたままにして打つ。

膝を曲げて下半身が動かないようにして打つ

3 かかと体重、右足重心になっている

解説 ボールに近く立ちすぎてかかと体重になると、クラブを振るスペースがなくなり、上体が起きてトップやダフリになる。ボールを上げようとするアドレスになると、右肩が下がって右足重心になり、トップやダフリになる。

対処法 この対処法も、2と同様で、重心をつま先、親指の付け根あたりにして、体重配分は左6、右4、あるいは5対5にする。バンカーでは重心を下げた構えが必要で、膝を曲げたままにして打つ。

4 インパクトでゆるむ

解説 ボールが飛びすぎてしまうのが怖くて、スイングをゆるめてしまうケースが多く、砂の抵抗でボールが飛ばなくなる。

対処法 砂の抵抗があることを考えて、距離に応じてテークバックは大きくし、インパクトもゆるめることなくしっかり行う（しっかり砂を飛ばす）。

ゆるまないインパクトがミスを減らす

5 体を使いすぎ

解説 ボールを上げたい、出したいと思うために、ボールの行方を見たくなって顔が上がり、体を使いすぎてしまい、トップやダフリになる。

対処法 バンカーは砂の上なのでアドレスをしっかりして（むやみに力を入れて固めることはしない）、下半身を使いすぎないようにする。なるべく手を使ってクラブを振ることを最優先する。

下半身を使いすぎない、手で積極的に振るようにする

6 バックスイングが小さい

解説 アプローチなどの距離感で打つと、砂の抵抗があるため、思ったより飛ばない。バンカーでのバックスイングとしては小さく（不十分に）なってしまう。

対処法 砂の抵抗を考えて、テークバックを大きくして、スイングスピードをゆるめることなく、しっかり振っていく。正しい手順でショットすれば、大きく振っても飛びすぎることはない。

大きいテークバックからゆるめることなくしっかり振っていくことが大事。しっかり打つことでミスを防げる

<重要！>

バンカーでの心得

- バンカーで大切なのは、ハンドダウン、ハンドレイトのアドレスにすること
- ピンまでの距離が遠いときはボールに近く立ち、近いときはボールから遠くに立つこと
- 重心を下げて、下半身をあまり動かさないこと
- ボールを上げようとしないこと（アドレスと気持ちで）

7 ヘッドアップ

解説 ヘッドアップはボールを上げようとしたり、ボールの行方が気になり、ボールの飛球方向を追ったりしてしまうために起こり、トップやホームラン、ダフリが出る。

対処法 正面を向いて、正面で打ってから顔を上げる——、これをやり抜くことが大事。正面で打つためには、体を使いすぎないことも、しっかり構えることも忘れずに。

正面でしっかり砂を飛ばしてから顔を上げればいい

8 腕を伸ばしすぎ

解説 ゴルフ雑誌やレッスン書に、「左腕をしっかり伸ばしてテークバックする」という解説がよく記されている。左腕を伸ばしすぎると、体を動かさないとクラブを上げられなくなる。結果として、ダウンスイングでクラブが遅れてトップやダフリが出たり、テークバックが小さくなり、ボールが飛ばない。

対処法 テークバック時の左腕は、柔軟性のある状態にして、自然に曲げる。

腕を柔らかく使って、楽にスイングする。腕を伸ばして硬く使うのはNG

9 力みすぎ

解説 ボールを叩こうとしすぎて、体に力が入ってしまって硬くなる。上体が突っ込んで、クラブが砂にささってしまい、ダフったりボールが飛ばなかったりする。

対処法 下半身を安定させて、力を抜いて腕を柔らかくして振る。

練習 Advice

振ることと砂を飛ばすことを同時に

バンカーでの練習は、振ることと砂を飛ばすことを同時にする。ラインを引いてまずは振りでラインの左の砂を取る。慣れたらラインの左にボールを置いて、振りと同じイメージで打つ（砂と一緒にボールを打ち出す）。

One More Advice

クロスバンカー（フェアウェイバンカー）で

足元をしっかりさせて（少し砂に沈ませる）、そのぶん、クラブを短く持って大振りをしないようにする。コンパクトなスイングを心がけることが大切。

4 アプローチ編／アプローチとは？

1打でも少ないスコアで回るためには
アプローチの技術を磨くことが重要

ゴルフは、できるだけ少ない打数で回ることを競うゲームです。しかし、ゴルフはつねにミスを犯してしまうゲームでもあるのです。そのミスを決定的なものにする前に、どこかでリカバリーしながら、結果、何事もなかったように毎ホールを終えることができたら……。

そこで重要になってくるのがアプローチの技術です。グリーンにのせることができなかった、グリーンをオーバーしてしまった、そんなときに必要になってくるのが「アプローチ」です。アプローチは「近づく」「働きかける」の意ですから、グリーンにのらなかったボールを、グリーン周りからピンに近づけるためのショットのこと。1打でも少なくフィニッシュするためには、このショットを磨くことが重要になってきます。

アプローチは状況に応じて上げたり、止めたり、転がしたり

アプローチは、ほぼ平らな場所から打てるティーショットと違って、深いラフだったり、バンカー越えをしなければならなかったり、傾斜地だったりと、状況がさまざまです。

そのために、一言でアプローチといってもいろいろ種類があるため、状況に応じてピンに近づけやすい方法を選択して、可能なかぎりミスを回避しなければなりません。

アプローチは精度によって、大きくスコアが変わってきます。ビッグなドライバーショットを打てるのはとても魅力的ですが、派手さはないものの、ピンに近づくアプローチショットはもっと魅力的。どんどん磨いてください。

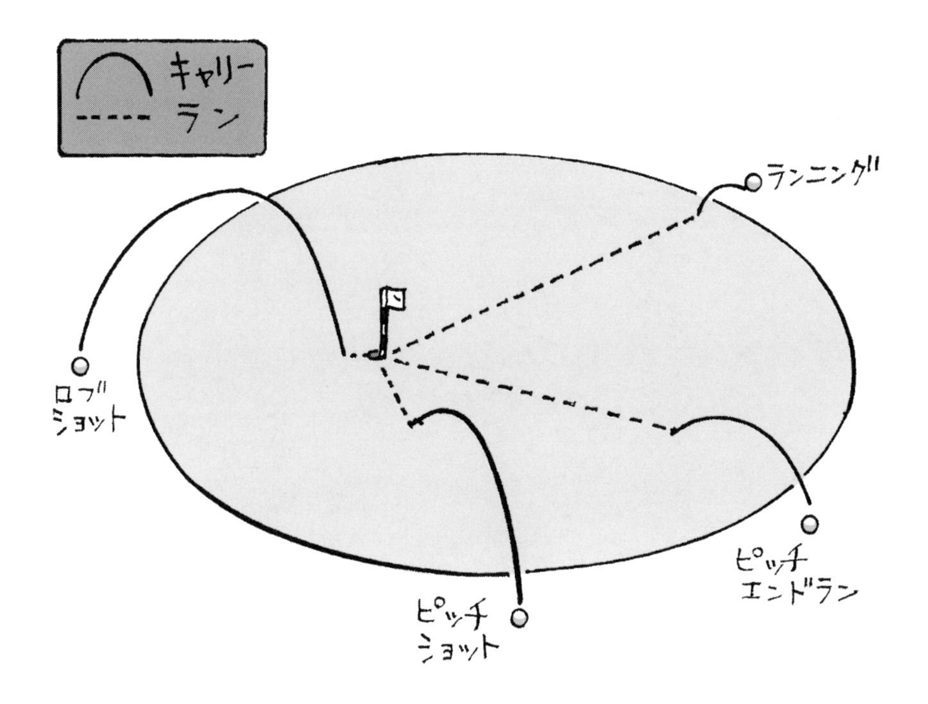

アプローチでは、ボールの落とし場所と、そこからの転がりをイメージして、どのようなショットをするかを考えなければなりません。

状況に応じて、いちばんやさしくて、ミスが出にくい方法を探すことが先決です。

アプローチをするにあたって、

- パターで転がせないか？
- ランニングでいけるか？
- ピッチエンドランでいけるか？
- ピッチでいけるか？

など、いろいろと想像しながら状況判断をしてください。“アプローチはすべてこれ”と決めずに、状況に応じた打ち方、クラブ選択が必要です。

チップショット：ランニング

CHECK 4つ

チップショットのランニングは、ほとんどランで転がしていくショットのことで、小さくストロークして転がしていきます。グリーンエッジまであと数ヤードというときに使います。

チップショット：ピッチエンドラン

CHECK 4つ

ピッチエンドランは、ランニングと同じように打ちますが、ボールを上げて少しキャリーを出してから転がすときに使います。

フォローを出さないフィニッシュ

フォローを出しすぎている

CHECK 4（ランニング）

CHECK 1 目線

アプローチでは、右からボールを見て打たないこと。真上から、あるいは少し左から見るくらいの目線が正しいのです。

CHECK 2 スタンス

クラブを短く持って、短い距離を打つアプローチの場合、自然とスタンスは肩幅より狭くなります。スタンスを狭くしてコンパクトなスイングを心がけてください。

CHECK 3 ハンドファースト

ランニングのアプローチの場合、クラブヘッドのフェイスを少し立てて振っていきます。そのためには、クラブヘッドよりもグリップが少し前に出た形＝ハンドファーストにします。ハンドファーストの形をとることで、ダウンブローになり、しっかりとしたインパクトができます。

CHECK 4 しっかりインパクト

アプローチは長い距離を打つわけではありません。短い距離をゆるめずにしっかり打つことです。バックスイングを小さくし、インパクトをしっかりします。大きくバックスイングをすると、「大きく引きすぎてしまったかな」という気持ちが手に伝わって、インパクトがゆるんでしまいます。

CHECK 4（ピッチエンドラン）

CHECK 1 目線

アプローチでは、右からボールを見て打たないこと。真上から、あるいは少し左から見るくらいの目線が正しいのです。

CHECK 2 ハンドファースト

ピッチエンドランのアプローチの場合も、クラブのフェイスを少し立ててスイングします。そのためには、クラブヘッドよりもグリップが少し前に出た形＝ハンドファーストにします。ハンドファーストの形をとることで、ダウンブローになり、しっかりとしたインパクトができます。

CHECK 3 バックスイング

チップショットの場合は、距離に応じてバックスイングは大きくしなければなりません。スイングの大きさと距離の関係を、練習でつかんでください。

CHECK 4 フォロー

クラブヘッドはインパクト後の惰性で出ていっていますから、自分からフォローを出す必要はないのです。

ピッチショット

CHECK 6つ

ピッチショットは、ボールを上げ、キャリーを多くして、落ちてからあまり転がさないときに使います。

CHECK 5
バックスイング

CHECK 6
インパクト

POINT

ボールの真下が最下点

ピッチショットはボールの真下が最下点になる。インパクトでロフトが多い状態になるのでボールは上がる。

CHECK 6

CHECK 1 目線

ピッチショットでは、右からボールを見て打たないこと。真上からの目線が正しいのです。

ボールを右から見ない

CHECK 2 体重配分

アプローチをする場合、左体重にしたほうがいいと思っている人が多いようですが、ピッチショットでは、体重配分は5対5にして、体のセンターで打つ感覚がいいのです。ボールを少し上げたいために右体重にするのは避けましょう。

CHECK 3 ボールの位置

ボールを少し上げていかなければいけないので、ボールの位置は胸の真下にします。ただし、くれぐれもボールを上げるようにクラブを動かさず、クラブフェースの角度を正しく使ってください。

ボールの位置は真ん中

CHECK 4 ハンドファーストにしない

チップショットの場合は、グリップが少し前に出るハンドファーストにしましたが、ピッチショットでは、あまりハンドファーストにはしません。

CHECK 5 バックスイング

ピッチショットでは、バックスイングでコックを使いません。手首の角度を変えないようにします。

バックスイングではコックを使わない

CHECK 6 インパクト

アプローチで気をつけなければならないことは、インパクトの際の「ゆるみ」です。ミスにつながっている大半は、この「ゆるみ」と言ってもいいかもしれません。インパクトのときは、ゆるめない、しっかりしたインパクトにする――、これを心がけましょう。

インパクトはゆるめない

ロブショット

ロブとはふわーっと放物線状に打ち上げることで、ロブショットはバンカー越え、高いグリーンへ打ち上げていく場合に用いるショットです。

CHECK 6

CHECK 1 テークバック

ロブショットの場合は、ボールをクラブヘッドにのせて、ふわーっと上げていきますが、打ち急ぐのは禁物。ゆっくりしたテークバックで、トップで間をつくって打つことがポイントになります。

CHECK 2 スタンス

肩のラインと足のラインを平行にするスクエアなスタンスで、膝を曲げて、その膝の角度が変わらないようにします。

CHECK 3 目線

目線はボールの真上からが基本になります。上げるボールを打つので、右からボールを見て打ちたくなりますが、真上から、あるいは少し左から見るくらいの目線が正しいのです。

CHECK 4 最下点

ロブショットの場合は、クラブフェースにボールをのせる動作を、正面を向いたまま行います。したがって、クラブが最下点のときには、まだ、胸は真下を向いていることになります。

CHECK 5 重心

P100で説明したとおり、肩幅より狭いスタンスで構えますが、その狭いスタンス内でも重心位置はしっかり前寄りにしなければなりません。狭いスタンス、コンパクトなスイングでも、しっかりした安定感が出てきます。

CHECK 6 スイング

テークバックは急がずにゆっくり上げ、ダウンスイングも同じようにゆっくり下ろすように心がけましょう。ただし、インパクトはゆるめないこと。一定のスピードも心がけましょう。

ハンドポジション

CHECK 1
ハンドファースト

CHECK 2
ハンドレイト

CHECK 3
ハンドダウン

CHECK 4
ハンドアップ

アプローチをするにあたって、チップショット、ピッチショットといった球筋の種類（打ち方も）だけではなく、クラブの用い方によってもバリエーションを出すことができます。アプローチの応用技術を知ってください。

CHECK 4

CHECK 1 ハンドファースト

ハンドファーストにすると、打ち込み（ダウンブロー）やすくなります。スピンをかけたり、強い球を打ったりするときに適しています。

CHECK 2 ハンドレイト

ハンドレイトにすると、クラブのソール（底の部分）を地面にすべらすように用いることができます。球を上げやすくなるため、ピッチショットに適しています。

CHECK 3 ハンドダウン

手元を下げて構えるハンドダウンは、ボールを上げたいときや、ロブショット、バンカーショットなどに用います。

CHECK 4 ハンドアップ

手元を上げて構えるハンドアップにすると、パッティングのようなストロークになり、ダフリにくいというメリットがあります。芯を外したショットになるので転がりにくいため、距離を出したくないときに適しています。

落とし場所とボールの転がり
（クラブ選択）

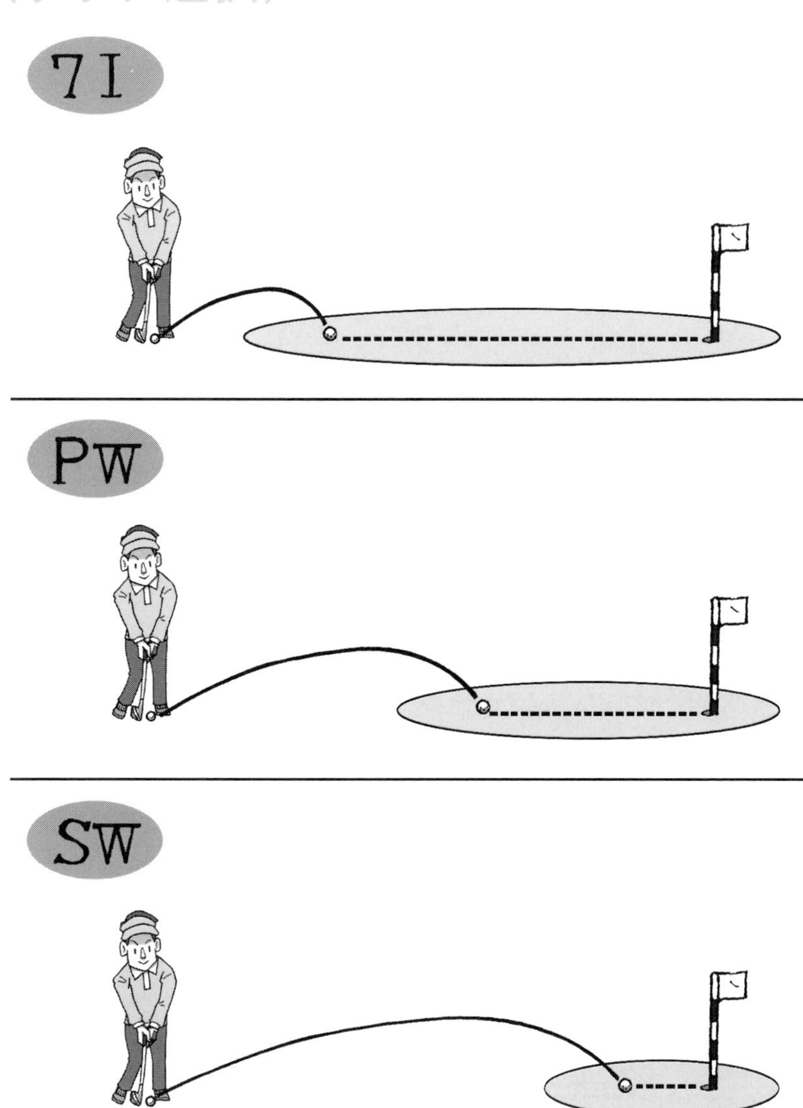

どこに落として、どのくらい転がるかをイメージします。そのプロセスを以下に紹介します。

- ●ボールの位置から落とし場所までのボールの高さを考える
- ●落とし場所からボールの転がりを考えてクラブの番手を決める
- ●落としたい場所を意識して素振りをする（転がりは気にしない）
- ●イメージが出たら実際に打つ

POINT

直接カップを狙わない！

多くの人は、直接カップを狙ってしまう。落とし場所とそこからの転がりのイメージをしっかりつくろう。

<重要！>

クラブの特徴とボールの転がりの関係を把握する

ボールの位置を同じにして、クラブを変えて打つ。今度はボールの位置を変えて、同じクラブで打つ。クラブとボールの関係を把握し、クラブによっての転がり方を確認することができる。

気持ちのミスの原因を整理する

1 寄せたい
2 ショートしたくない
3 オーバーしたくない
4 上手く打ちたい
5 しっかり当てたい
6 ボールを上げたい　など

Mindfulness Advice

アプローチショットこそ心は自然体で

アプローチショットは、グリーン周りにあるボールを、ピンに上手く寄せるために打つショット。上手く打ちたい、ピンに寄せたい、そんな気持ちが強く出てしまうショットだ。こうしたい、こうしなければという気持ちにとらわれることなく、くれぐれも心は自然体で！

アプローチショットのミスの原因を整理します。ゴルフはミスのスポーツと先述しましたが、アプローチショットは、そのミスを大きなミスにすることなく、しっかりカバーできるかどうかのカギを握っているのです。アプローチショットに自信が持てたら、ゴルフのレベルは数段上がります。ミスの種類、ミスの原因を明確にしていきましょう。

落とし場所と、そこからどのように転がるのかのイメージを大切にする

技術的ミスの原因の解説と対処法

ゴルフはミスのスポーツ。つねにパーオンして、ミスなく1ラウンドできるはずがありません。多くのミスをいかにカバーして、何事もなかったかのようにラウンドしていけるかが大事です。そのカギを握っているのがアプローチ。アプローチの技術的ミスの原因を明らかにしていきます。

1 ボールを右から見る

解説 ボールを上げようとしたり、スタンスを狭くしてオープンスタンスにしたりするので、右に体重がのる。そのことによってボールを右から見るようになり、ダフリ、トップ、シャンクなどが起こる。

対処法 ボールを真上から、もしくは少し左から見るようにして打つ。打ち方によってボールの見方を変えると、体重の配分も変わる。

2 体重がかかとにのっている

解説 ボールに近く立ったときに体重がかかとにのりやすく、上体が起き上がり、ダフリ、トップが出る。

対処法 重心を前にしてクラブが通るスペースをつくる。

3 ボールが近すぎる

解説 近くに打つ（飛ばさなくてもよい）ため、ついボールに近づいてアドレスしてしまう。近く立つことによって、クラブが通るスペースがなくなり、手元が先行してクラブヘッドが遅れたり、体が開いたり起き上がったりする。ダフリ、トップも出るが、とくにシャンクになりやすい。

対処法 ボールから離れて（遠くに立って）、クラブが通れるスペースをつくる。

4 オープンスタンスになっている

解説 アプローチやバンカーはオープンスタンスに構えるといわれているが、目標方向に対して左を向いてしまうと、ダフリが出たり、プッシュアウトになったりする。

対処法 “オープンスタンス＝左を向く”なので、誤解しないように、スクエアスタンスから左足だけを後ろに引いて、クラブが通れるスペースをつくること。

5 右に行く

解説 ボールに近く立つことによって、振るスペースがなくなり、ヘッドが遅れて（開いて）、右に行ったり、シャンクしたりする。

対処法 重心を前にして、クラブが通るスペースをつくり、手元（グリップ）が先行するのではなく、ヘッドを先に戻すつもりで振る。

6 フェースの向き（体の向き）が違う

解説 フェースからではなく、体やスタンスから先にアドレスすると、フェースが左を向いていたり右を向いていたりして、方向が定まらない（打ちたい方向に打てない）。

対処法 アドレスをするときに、まずクラブフェースを目標にセットし、それからスタンスをとること。

Mindfulness Advice

リズムよく振る！

いい所にあるから寄せたい、ライが悪いから上手く打ちたいなど、いろいろ考えると、自分を追い込んでしまう。状況に応じて球筋（ボールの落とし場所）を決め、それに合った構えをして、リズムよく振ること。

7 体重移動しすぎ

解説 通常のショットと同じように動こうとして、右、左に動きすぎることで（上体をゆさぶって）、ヘッドが元の位置に戻らなかったり、上体が浮いたりしやすく（膝が伸びたりする）、トップやダフリが出る。

対処法 アプローチは飛ばす必要がないので、体重の移動はほぼしないつもりでヒットする。

8 体を動かしすぎ（腰を回しすぎ）

解説 始動するときに、体（腰）から動かすことで、タイミングが早くなり、トップで間がとれなくなり、切り返しでクラブが遅れたり、かかと体重になったりして、ダフったりトップしたりする。

対処法 始動はヘッドから上げるようにすると、体の動きも少なくなる。

腰を回しすぎないで、体の前でヒットすること

腰の回しすぎはNG。ダフリやトップの原因になる

Mindfulness Advice

余計なことにとらわれずにやさしい方法で

状況をしっかり把握して、上手く打とうなど余計なことにとらわれず、できるだけやさしい方法を的確に見つけて、リズムよく打つことを心がける。

9 距離とスイングの大きさが合っていない

解説 バックスイングが大きくなりすぎると、どうしてもインパクトでゆるめてしまうので、ダフリやトップになる。

対処法 無意識にクラブを上げすぎることにより、ミスしたときに飛んでしまう。それを恐れるがためにインパクトをゆるめてしまうので、小さいテークバック（しっかりしたインパクト）をする。初めは近い（短い）距離から少しずつ大きく（遠くに）していく。

10 フォローを出しすぎ

解説 プロの動画などをチェックすると、フォローが出ているように見えるため、それをマネてフォローを出しがちになる。無理にフォローを出そうとすると、体が起きてダフリやトップになる。

フォローは意識して出さない

対処法 インパクト後にフォローは惰性で出るもの。フォローをつくろうとすると、プロの動画以上にフォローが大きくなるので注意する。

11 フォローを出す方向が違う

解説 フォローは、つねに目標にクラブ（ヘッド）を出すと思いがち。球筋のイメージを決めて、振り抜く方向を意識する（それによってアドレスが決まる）。

対処法 クラブの軌道、アウトサイドイン、インサイドアウト、振り抜く方向を意識する。インに振り抜く、まっすぐに振り抜く、アウトに振り抜くことにより、それぞれスピンをコントロールできる。

アドレス

CHECK 6つ

パッティングは、小さな動きで、正確性を求められます。正確なショットにするためには、その準備であるアドレスを整えなければなりません。自然で力みのないアドレスを身につけましょう。

ボールに近すぎる

体重は母指球にのせる

CHECK 6

CHECK 1 握り方

グリップの握り方は一般的には3つあります。以下のとおりです。自分に合うグリップを見つけることができれば、上達につながること間違いなし！

逆オーバーラッピング

クロスハンド

クロウグリップ

CHECK 2 スタンス

スタンスは、広すぎず狭すぎず、肩幅程度にします。大切なことは、膝に柔軟性をもたせて、あまりガチガチにならないことです。

CHECK 3 ボールの位置

ボールの位置は、真ん中か少し左寄りにします。ボールを目の下に置いて、パターフェースの向きを正しく動かします。

CHECK 4 体重配分

左右の足に５対5、あるいは左に６、右に４の体重配分が一般的です。パッティングの場合は、体重移動はなしに、体幹でリズムよく振ることで、自然なパッティング・スタイルになります。

CHECK 5 重心位置

重心は母指球の上、つま先寄りにします。かかと重心にして、腰が落ちたようなアドレスになっている人を見かけることがありますが、パッティングも大事なショットの１つ。他のショットと同じように、重心はつま先寄りにしてください。

CHECK 6 体とボールとの距離

プロによっては、ボールの近くに立ってパッティングすることもありますが、基本は体とクラブの間には、クラブがスムーズに動くスペースをつくります。スペースが広すぎるとクラブの軌道が安定しないし、狭すぎるとスムーズな動きをつくることができません。程よい距離を見つけてください。

体とクラブの間のスペースを程よくキープしていると、一定の強さでストロークすることができる

方向性

CHECK 2つ

ドライバーショットの方向性の許容できる幅は 20 ～ 30 ヤード、でも、パッティングの許容範囲は 2 センチといわれています。少しの狂いが、カップインできるかできないかのシビアな場面を生むため、方向性の大切さを改めて頭に入れてほしいです。

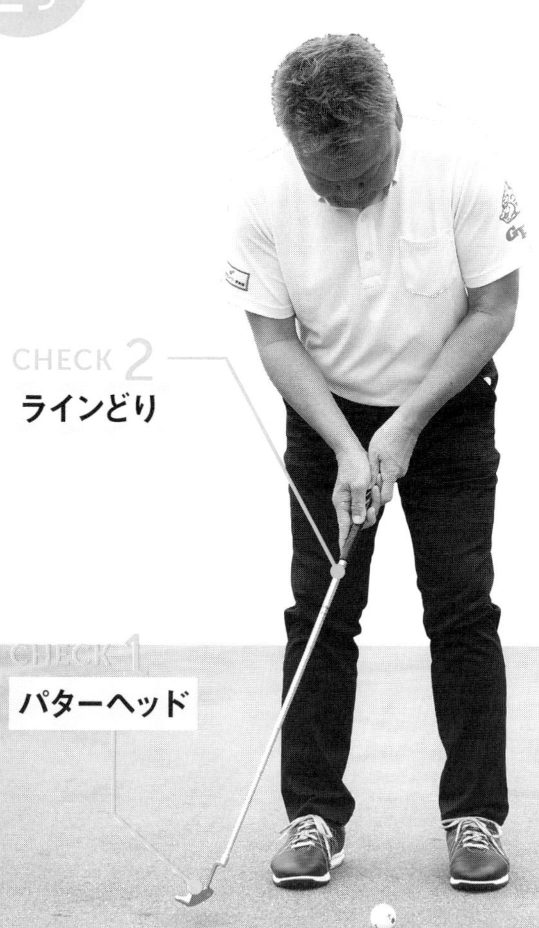

CHECK 1 パターヘッド

打ちたい方向に、パターヘッドを確実に合わせられるかどうかがポイントになります。合わせられなければ、打とうと思っているところに打ち出せません。ここがスタートラインです。

POINT

ボールにラインを引く

ボールにラインを引いて、目標に合わせて置き、そのラインにパターのラインをセットする方法もあり！

打ちたい方向にパターヘッドをセットする。セットする際、パターのトゥ（先部分）が浮かないようにする

CHECK 2 ラインどり

まっすぐなラインなのか、曲がるラインなのか、そのラインをイメージすることが大事です。曲がるラインの場合は、曲がると思うラインの曲がりの頂点に、パターヘッドを合わせます。ホールを見るのではなく、曲がる頂点を見ることがポイントです。

ラインどりは転がりの強さによって変わってくる。基本は、曲がりの頂点にパターヘッドを合わせる

打ち方（支点）

CHECK 3つ

「パット・イズ・マネー」といわれますが、試合に勝つかどうかのカギを握るのはパッティングということ。パッティング上手になるために、まず、打ち方をマスターしましょう。パッティングの打ち方には、①首の後ろ（あご）を支点にして、振り子のようにするストローク、②みぞおちを支点にするストローク、③グリップエンド（おへそ）を支点にするストロークの3つの方法があります。

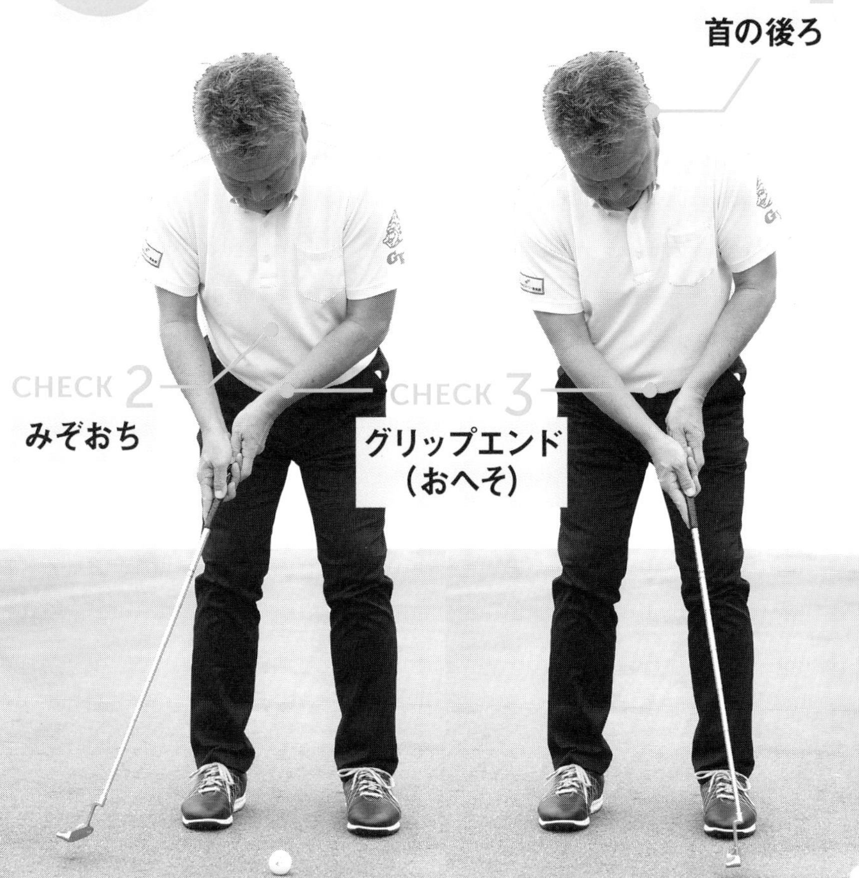

CHECK 3

CHECK 1 首の後ろ（あご）

首の後ろ（あご）を支点にし、クラブを振り子のようにして振ります。長尺等の長いクラブを使うときに有効です。

目でヘッドの動きを追いかけたりしない

CHECK 2 みぞおち

みぞおちに支点を置き、ある程度、手首を使ってストロークします。

CHECK 3 グリップエンド（おへそ）

グリップエンド（おへそ）に支点を置き、手首をある程度使ってストロークします。

手元を大きく動かすと、フェースの向きが狂いやすくなる

POINT

ある程度、手首を使う

CHECK 2、CHECK 3においては、支点の高さが少し変わる。ある程度、手首を使ってストロークすることになる。

ストローク

CHECK 3つ

パッティングのストロークは、パターヘッドから始動して、小さなテークバックでしっかりインパクトします。振り子のストロークの場合は、テークバックとフォローを同じ大きさに！

テークバックとフォローを同じ大きさに

CHECK 3

CHECK 1 リズム

打ち急がずに、リズムよく、同じスピードで振ります。ゆっくりテークバックしているのに、切り返しを急ぐと、急にそのスピードが速くなって、パチンと打ってしまう人も多いようです。急がず、等速を心がけてください。

振り子をイメージして、打ち急がないように。等速にすることでフェース面が安定してくる

CHECK 2 インパクト

インパクトをゆるめるのは禁物！　距離に応じたテークバックをとり、しっかり打つことを習慣にすることが大事です。打つ距離よりも大きめのテークバックをとると、どうしてもゆるめる動作が入ってしまうので、適切なテークバックがとれるように練習してください。もう１つ大事なのは、クラブの芯でしっかりボールを打つことです。

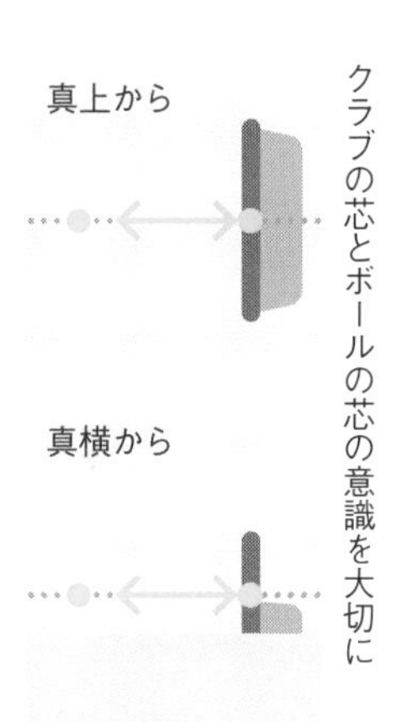

クラブの芯とボールの芯の意識を大切に

CHECK 3 フォロー

無理にフォローを出さないこと。フォローを出すより「インパクトで終わり！」くらいの気持ちで打つほうが、パターヘッドの向きが変わらず、正確なパッティングにつながります。フォローを出さず、インパクトで止めるくらいでも、自然のフォロースルーはできているものです。

距離感

パッティングで大事なのは方向性と「距離感」といわれています。思ったところに打てたとしても、距離感が合っていなければ、ボールをカップに近づけることができないし、もちろんカップインは無理。距離感のつかみ方を知ってください。

CHECK 1
テークバック

CHECK 2
インパクト

CHECK 3
距離感をつかむ

CHECK 3

CHECK 1 テークバック

パッティングの場合、少しのずれが、カップインしないという大きなずれにつながってしまいます。そのずれを最小限にするためには、テークバックを大きくしすぎずに、正しいインパクトを迎えられるようにすることがポイントになります。

CHECK 2 インパクト

多くのアマチュアゴルファーが、無意識のうちにインパクトをゆるめてしまう場面を、よく目にします。打ちすぎてしまうのではないか、大きくオーバーしたら３パットになってしまうなどと、思いを巡らしているのでしょうか。どんなショットでも、インパクトがゆるむのはミスショットにつながります。パッティングも同じです。どんな短い距離でも、インパクトはゆるめない――、これが鉄則です。

CHECK 3 距離感をつかむ

カップとの距離を自分の１歩、３歩、５歩、10歩にして、近い距離から少しずつ離れて打つ練習をします。グリーン上には上り下りの傾斜、速い遅いのスピードも加わります。まずは、平らなところで、自分の距離感を知りましょう。

気持ちのミスの原因を整理する

1 寄せなければ、入れなければと思う
2 上手く打とうと思う
3 外したらどうしようと思う
4 ヘッドをまっすぐ動かそうとしすぎ
5 フォローを出そうとしすぎ
6 ショートやオーバーを気にしすぎ　など

Mindfulness Advice
自分を追い込まない

パッティングは、短い距離であること、そしてその1打がどのショットよりも大きな意味を持つために、絶対に入れなければ、外したらどうしようという思いが強くなる。どうしても自分を追い込んだり苦しめたりしてしまうのだ。ゴルフはミスをするスポーツ。ミスを受け入れて、楽な気持ちでパッティングできるように心がけよう。

ゴルフは、ドライバーで打つ200ヤード以上のショットも、パターで打つ1メートル以下のショットも、同じ1打とカウントされます。ナイスショットを重ねてパーオンして、あと少しの距離でパターを持ってミスをしてしまっては、それまでの積み重ねが台無しになってしまうわけです。だからこそ、「入れなければ」「外したらどうしよう」――、そんな思いにとらわれないようにしてください。

技術的ミスの原因の解説と対処法

パッティングは、距離が短いだけに、小さなミスが“入らない”“3パットしてしまう”などという大きなミスにつながってしまいます。その結果はスコアに直結しますから、ダメージは大きくなります。ミスがなぜ起きるのか、その解説と対処法をまとめます。

1 ボールを右に置きすぎ

解説 アドレスで右肩が下がって、体重が右にのり、ボールが右にあることで、ダウンスイングで手元が先行してヘッドが遅れ、フェースが開いた状態でボールに当たるので、ボールは右に行ってしまう。

対処法 ボールを真ん中か、少し左サイドに置く。

Mindfulness Advice

肩の力を抜いて、楽な気持ちで振る

パッティングの場合、入れなければという思いが強くなったり、外したらという不安な気持ちにとらわれてしまったり……。知らず知らずのうちに自分を追い込んで、自然にスイングすることまでも忘れてしまうことが多々ある。肩の力を抜いて、もっと楽な気持ちでヘッドを振る、そうすることで自然な、いい転がりのパッティングができるようになるはず。

2 ボールに近く立ちすぎ

解説 パッティングは大きく振り上げることがないため、ボールに近く立ちがちになる。ボールとの距離が近すぎると、クラブを振るスペースがなくなり、プッシュアウトや、ダフリ、ヘッドアップになりやすい。

対処法 重心を前にして、ボールとの距離を適度にとって、クラブを振りやすいスペースをつくる。

3 体重がかかと（後ろにある）

解説 ボールに近く立ちすぎて、体重がかかとにあることで、クラブを振るスペースが狭くなったり、上体が起きやすくなったりして、プッシュアウトやそれを嫌がってひっかけてしまうことがある。

対処法 重心を前にして、ボールとの距離を適度にとって、クラブを振りやすいスペースをつくる。

4 ヘッドをカップ（目標）の方向に出す

解説 ボールをカップ（目標）に打ち出すのではなく、ヘッドをカップ（目標）に出してしまう。プッシュアウトになりやすく、ボールを左に置きすぎると、左にひっかけやすくなる。

対処法 ヘッドではなくボールを目標に打ち出す。フォローは無理につくらない、インパクトで終わりぐらいの気持ちで。

5 上体が動く（ボールを追いかける）

解説 正面で打つ前にカップ(目標)を意識してしまう。体が開くとプッシュアウト、頭が動くと左にひっかけやすい。

対処法 正面でインパクトして（打って）から目線を目標に向ける（ボールを追わない）。

6 テークバックを大きく上げすぎてインパクトがゆるむ

解説 手首や肘を使いすぎると、自分が思っている以上にテークバックが大きくなってしまう。一度でもオーバーすると、オーバーを嫌がりインパクトをゆるめてしまう。

対処法 小さいテークバックでインパクトをしっかりして、近い距離からしっかり打てるようにする。振り子のストロークは、テークバックからフォローまで同じ大きさで振るような力配分を考える。

7 反動でテークバックを上げてインパクトが強くなる

解説 手元から始動することによって、切り返して反動でヘッドが早く動いてしまい、インパクトが強くなる。

対処法 ヘッドから始動するようにすること。急がずにゆっくりと。

8 ロングパットでテークバックを上げるときに上がり切る前にカップを見てしまう

解説 打とうとしすぎて、クラブが上がり切る前に顔が上がって、トップしたりダフったりしてしまう。

対処法 打とうという気持ちが強すぎてしまうので、バックスイングをして、トップで一瞬止まって、間をとってからダウンスイングに入るようにする。そして、打ってから顔を上げる。

9 ハンドアップ、ハンドダウンしすぎ

解説 パターヘッドのヒール（手前）側が浮きすぎて、ハンドアップになりすぎる。あるいは先が浮きすぎて、ハンドダウンになりすぎる（あえて行うイメージならOK）。

対処法 なるべくソールを地面に均等に置けるようにすること。パターの先やヒールが浮かないようにする。

Mindfulness Advice

ミスを受け入れて、気楽にゴルフをするのが上達の近道

上手に打ちたい、とにかくカップに沈めたい——、そんな心の欲求を、一度手放してみては？　ボールに向かうたびに、こうしなければ、ああしなければということに、とらわれすぎているのではないだろうか。方向を決めて、アドレスして距離を合わせて打つ、ただそれだけだ。入れば（寄れば）オーケー、ミスをしてもミスを受け入れて、気楽にゴルフをすることが、上達のいちばんの近道！

POINT

しっかり芯で打つ

しっかり芯で打つことと、2〜3カップ先まで（カップを少しオーバーするように）打つ意識を持つことが重要。

参考

<パターの種類>

1 マレットタイプ　芯を外してもブレにくい
（簡単にパッティングをしたい人）

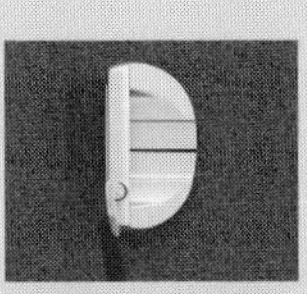

2 センターシャフトタイプ　芯を外すとブレやすい
（クラブをまっすぐに動かしたい人）

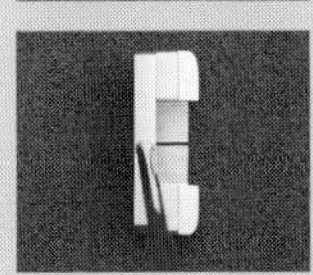

3 ピンタイプ　芯を外してもブレにくい
（タッチを出しやすい。初心者におすすめ）

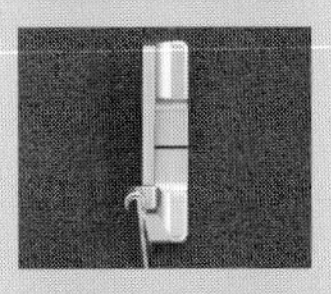

4 L字タイプ　芯を外すとブレやすい
（クラブの操作性、フィーリングを大切にする人）

6 マインドフルネスメディテーションを使って

I　ゴルフをするにあたって

自分と、そばにいるもう一人の自分の存在を意識して、そのもう一人の自分がどのような人物なのかを考えます。

a）つねに厳しく自分を追い込む自分

b）どんなときにも優しく、「大丈夫！」と語りかけてくれる自分

aの自分は、“上手く打て”“ミスをするな”“飛ばせ”“のせろ”“寄せろ”“入れろ”“バンカーに入れるな”など、つねに追い込み苦しめる自分です。

bの自分は、“ゴルフに100点はないからミスしても気にしないで”“グリーンにのせようとせずに近くまで行けばいいよ”“大丈夫、次にがんばろう”など、優しく励ましてくれる自分です。

aのつねに厳しく追い込み、苦しめる自分ではなく、bのように、つねに優しく苦しめない、寛大な心を持った自分がそばにいるようにします。

Ⅱ　練習場において

マインドフルネスメディテーションは、１つのことにとらわれるのではなく、周りのすべてに意識が行き渡っていることです。１つのことに集中するのではなく、いくつかのことを同時に行える以下のような練習は大切です。

マインドフルネスを体感できる方法

３球を等間隔において、リズムよく歩きながら打っていく。歩きながら複数のボールをスムーズに打てるようになることは上達のためには不可欠！

この練習は、①歩く（体重移動)、②クラブを振る、③体の正面で打つ、④リズム感を大事にする（同じリズムで振る）など、多くのことを一連の流れの中で行わなければならないので、ゴルフ練習とマインドフルネスメディテーションを体で理解するのに役立ちます。P 49 では技の練習として用いていますが、ここでは心の練習として活用してください。

Ⅲ　ゴルフコースにおいて

●ティーイングエリアにおいて

以前のミス（OB を打った、バンカーに入った、池に打ち込んだなど）から、“当たるかな”“まっすぐ打てるかな”などの不安にとらわれないで、ターゲットを決めて、そこに正確にアドレスして、最後まで振ります。

●２打目以降

▶フェアウェイのよい所

よい所だから、“上手く打たなくては”“ちゃんとのせなくては”などと思って自分を追い込まないこと。

▶ディボット（よくない状態）

ディボットだから、“上手く打とう”“ちゃんと当てよう”と思わず、グリーンの近くまで打てればいいと、寛大な心を持つこと。

▶バンカー、アプローチ

“ボールを上げよう”“寄せよう”と思わずに、バンカーは“出ればいいや”、アプローチは思った所に打って、結果、ピンに寄ればオーケー、寄らなければ“仕方がない”と、ミスを責めないようにすること。

▶グリーンを狙うとき

グリーンを狙うときに“どうせミスするから、より飛ぶクラブで打とう”と思いがちですが、これもミスにとらわれています。ミスを想定せずに、距離に合ったクラブで打つこと。

<重要！>

深呼吸する！

ゴルフをプレーするにあたって、思い出したこと、頭をよぎったこと、考えたことをすべて手放して、一度、呼吸に戻って、ゆとりを持つようにすることが大事だ。ゴルフ場では、深呼吸することは非常に効果的！

１つのことにとらわれると、次から次に考えが浮かんでくる。それにとらわれずに手放して、呼吸に戻る。このマインドフルネスメディテーションはゴルフと同様、練習が必要ですが、必ず自分を助けてくれます。

Column

マインドフルネスで脳内に変化?!

人間の脳で、情動の表出や意欲、そして記憶や自律神経活動に関与している複数の構造物の総称が大脳辺縁系(だいのうへんえんけい)です。そこに存在する「海馬」と「扁桃体」はそれぞれ記憶の形成と情動の発現に大きな役割を果たしています。

記憶をつかさどる海馬は、日常の情報を収集し、定着・保存に重要な役目を果たします。扁桃体は、情動・感情の処理(好悪、快不快を起こす)、直観力、恐怖、記憶形成、痛み、ストレス反応(とくに不安や緊張)、恐怖反応においての役割を担っています。そして、海馬と扁桃体はつねに情報を行き来させているのです。

マインドフルネスメディテーションの継続で、脳内の「海馬の活性」と「扁桃体の鎮静」ができれば、記憶力の向上、自己肯定意識の高まり、気持ちの前向きさのアップなどが期待できます!

海馬が活性 ········ **扁桃体が鎮静**

▼
◎記憶力向上
◎自己肯定意識が高まる

▼
◎不安や恐怖を感じにくくなる
◎気持ちが前向きになる

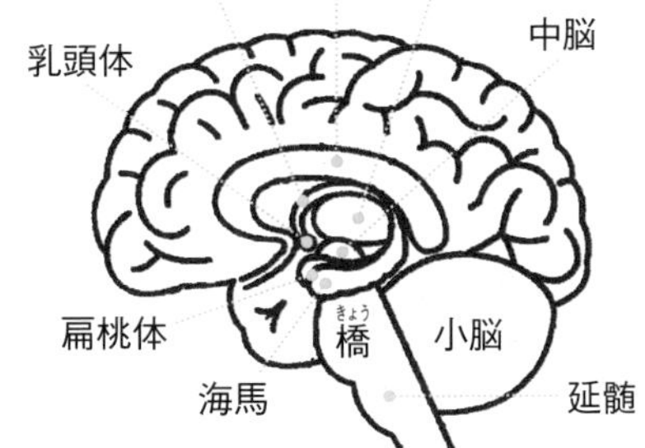

―Part3―

ゴルフ技術解説 あるある!

世の中には、ゴルフ上達のための情報があふれています。
その情報を正しく、賢く理解できればいいのですが、
アマチュアゴルファーにとっては、それがなかなか難しいのです。
そこで、このＰａｒｔでは「一般に言われていることにはとらわれない」
「間違って解釈していることもたくさんある」――、
そんなことについて具体的に解説します。
「目からうろこ」になること間違いなし！

手打ちは本当にダメ？

●手でクラブを持っているのに……

ゴルフクラブは、手で振るのではなく、体（腰）で振るもので、手打ちで振っていたらボールは飛ばないし、パワフルなショットは生まれないというのが一般論になっているようです。これは果たして正しいのでしょうか。

クラブは手で持っています。手を使わなければクラブは振れないと思いませんか。ですから手をどんどん使っていいのです。

●腕の使い方の勘違い！

手を使うといっても、大事なことがあります。それは、腕を柔らかく使って、なめらかな腕の使い方をしなければならないということ。腕を張ってテークバックをするゴルファーをよく見ますが、肘を軽く曲げることでヒットする準備をして、インパクト後は肘をたたむこと。

腕を柔らかく使いこなして、どんどん手を使ってください。

腕を張りすぎている

肘を軽く曲げて

腰を回すってホント?

●腰の回し方の理解を深める

“腰を回す”という言い方は間違いではないですが、その受け取り方によっては大きなミスを起こしてしまいます。背骨の延長線上で、体の軸が1軸になると、テークバックで右腰が引け、ダウンスイングで左腰が引けてしまい、ミスの原因になります。

腰を回すのではなく、クラブヘッドから始動して、クラブ➡上体➡膝の順に動くイメージでスイングします。

●腰の動きの勘違い!

右足の上に右腰がのっている

右腰が引けている

タメはつくるもの？

●タメは意識してつくらない！

「ダウンスイングでしっかりタメをつくることで、力強いボールを打つことができる」——、よく耳にしているのではないでしょうか。タメをつくると右脇が締まり、クラブが遅れてきて、クラブフェースが開いてしまい、ボールは右に行きやすくなります。

タメは自分で意識してつくるのではなく、テークバックからトップに動いたクラブヘッドがそのまま動こうとしているのを、ダウンスイングで引っ張るときの惰性の関係で、ヘッドが遅れてきて、脇が締まることで勝手にできるものなのです。

タメをつくることを意識するのではなく、ダウンスイングでヘッドを正面に戻す（正面でヘッドを走らせる）ことがポイントになってきます。

●ヘッドを遅らせてくることも意識しない

ヘッドについても、タメの話と同じイメージです。あえて遅らせる必要はなく、戻すことを意識することのほうが大事です（勝手にヘッドは戻ってこない）。

✕ 右脇が締まっている

✕ クラブが遅れてボールが右に行きやすくなる

腕は伸ばすの？

●トップで腕は伸ばさないの？

これもよく言われていることの1つです。これはタメをつくること、ヘッドを遅らせることと同じで、大いなる勘違いに近いものです。腕が伸びていると、ダウンスイングでクラブが遅れてしまいます（プロはヘッドをしっかり戻せて、インパクトから左肘がたためる）。

ゴルフ雑誌などの写真を見ると、トップで、多くのプロの腕は伸びているように見えます。でも、もう少しよく見てください。よく見ると、確かに腕は伸びているように見えますが、実際には、“力んでいない”“張っていない”のです。写真は、一瞬を切り取っているために、腕を伸ばしているように見えてしまっているのです。腕は力むことなく柔らかく使うのがベストです。腕を柔らかく使うこと、それを目指してください。

×

腕を伸ばしている

○

腕を柔らかく使う

下半身リードをすべき？

●プロは下半身リードのように見えるけれど……

　スイングの流れの中のイメージとしては、下半身リードはいいと思いますが、やりすぎてしまい腰だけ戻すと、頭（上体）が残ってしまい振り遅れて、プッシュアウトやダフリ、トップになりやすいのです。下半身も動かすけれど上体も動かし、同時に、クラブもしっかりと振り戻してくることが不可欠です。

腰だけ動くのはバツ

脇を締める？

●腰の高さ以上では脇を締めない

脇を締めたままにすると、途中からクラブが上がらなくなり、横振りになりやすいです。テークバック時に、腰の高さから上では脇を締めないで、脇は開けていいのです。インパクトからフォローでも締めません。手が返って左肘をたたんだら、脇を締めないようにします。一瞬、脇は締まりますが、フィニッシュをとったときには脇は開いています。

脇を締めたままにする

脇を開ける

フォローを出す（腕を伸ばす）？

●インパクト後は左肘をたたむ

フォローはできるだけ大きく、長く出すものだと思っていませんか。フォローでは、インパクト後すぐに左肘をたたんで、クラブを自分（首）に巻きつけ、クラブを肩に担ぐようにします。左肘をたたむのは、ヘッドスピードを落とさないためです。

一瞬、腕は伸びますが、それはスピードがついたヘッドに引っ張られているためで、自分から腕を伸ばしているわけではありません。自分から伸ばすとプッシュアウトになるし、ひっかけにもなりやすいです。

●肘は張らない

アマチュアゴルファーは、テークバックが上がらなかったり、インサイドに引きすぎたり、正面でヘッドが返らずにインパクト後に左肘を引いてしまったりします。プロの場合は、インパクト後に左肘をたためる（手を返せる）ので、トップで肘が伸びていても問題ないのですが、アマチュアゴルファーはなるべく肘を張らないほうが、クラブをスムーズに動かせます。

POINT

クラブを振ることを最優先する！

以上のように、一般に言われていることは、よく考えてみると真逆のことが多々ある。映像を見て、その1コマを切り取ってマネしようとしたり、実際にはやっていないことをやろうとしたりしているのだ。クラブを振る（ヘッドを動かす）ことを大前提にすると、どのようにすればいいのか、理解できると思う。

腕は一瞬伸びるが、それはスピードがついたヘッドに引っ張られているため。自分から腕を伸ばしているわけではない。インパクト後すぐに左肘をたたんで、クラブを首に巻きつけるつもりで

連続写真や動画を見習うべき？

●全体の動きの参考のために

スイングを身につけるとき、連続写真や動画を見て学んでいませんか？

連続写真や動画の一部を切り取ってマネようとするのはNGです！　動きの中の形はマネできるものではなく、マネするものでもありません。“そんな感じで動いている”と、全体の動きを参考にするだけにとどめてください。スイングの連続写真や動画でマネすることができるのは、始動前のアドレスとフィニッシュだけです（止まっている状態なので、その形はマネできます）。

ダウンスイングでタメをつくろうとしている人を多く見かけますが、タメはつくるものではなく、トップからの体重移動やクラブの振り下ろし時に、手元が先行して、ヘッドが遅れることでできるので、決してつくるものではないのです。つくろうとすれば、ヘッドが遅れすぎて、ボールはプッシュアウトになってしまいます。連続写真や動画はあくまでも参考までに！

マネできるのは①と⑧だけ。②～⑦は動きを参考にする

スイングは何種類？

●スイングは１つでいい

　ダウンスイングからフォロースルーまでのインパクト前後のクラブの軌道は、ダウンブロー、レベルブロー、アッパーブローの３種類ですが、みなさんはどう考えますか？　アイアンはダウンブロー、フェアウェイウッド等はレベルブロー、ドライバーはアッパーブローと考えている方が多いのではないでしょうか。クラブによって打ち方を変えてしまうと、アイアンは調子がいいけど、フェアウェイウッド等はミスが多くなる、逆のことも思い当たるという方がいらっしゃるのではと思います。

　実は、スイングは１つ、ダウンブローでもレベルブローでもアッパーブローでもないのです。その大きな理由の１つ目は体重移動、２つ目がボールの位置、そして３つ目が最下点です。この３つの組み合わせでそれぞれのスイングが生まれるので、スイングは１つでいいという説明になります。

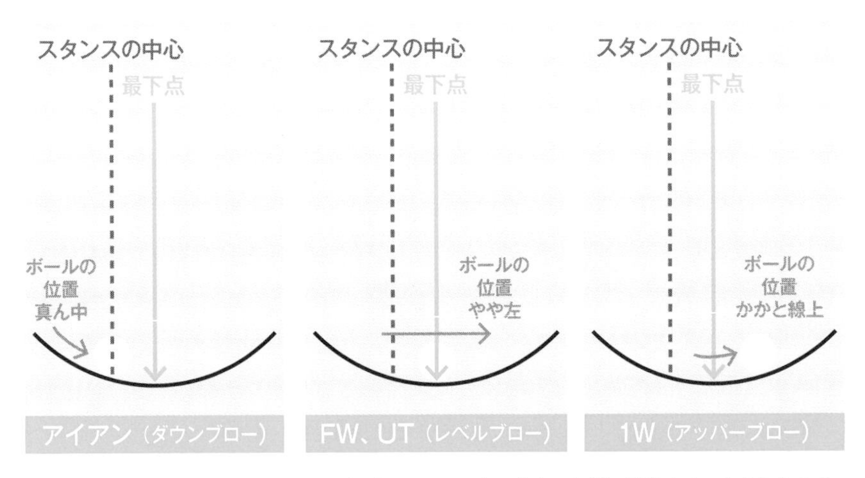

トップから体重移動することで、最下点がスタンスの真ん中より左側に移動する。そのときのボールの位置によって、ダウンブロー、レベルブロー、アッパーブローという現象になる。以上のことから、アイアンからドライバーまで打ち方を変える必要はなく、１つのスイングでいいということになる

ゴルフ用語解説

コース（ホール）

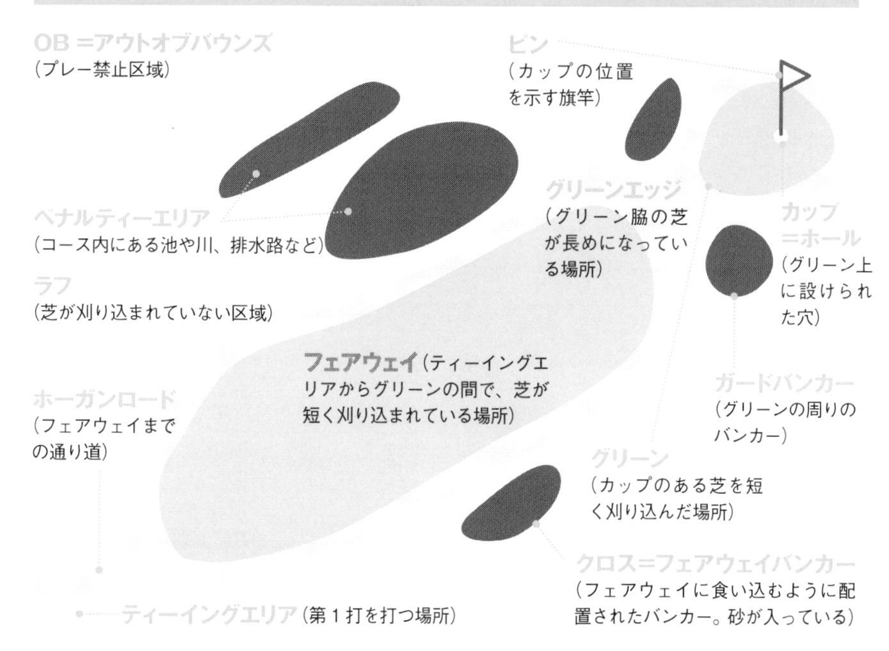

クラブ

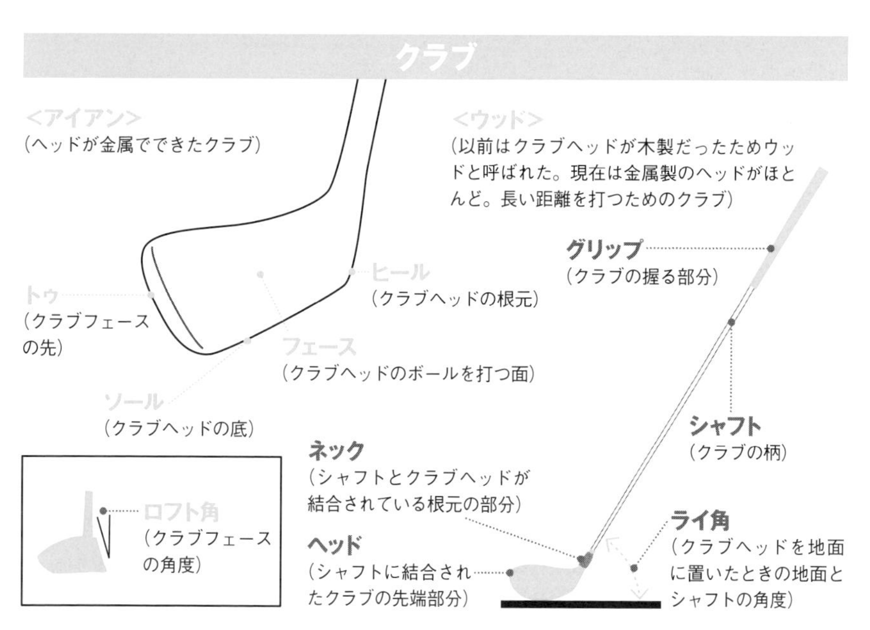

クラブの種類

<ウッド>

1W・ドライバー
3W・スプーン
4W・バッフィー
5W・クリーク

（3W〜5W：フェアウェイウッド・FW）

<ユーティリティー・UT>

（フェアウェイウッドとアイアンの中間的立ち位置のクラブ）

3U
4U
その他

<アイアン>

ロングアイアン（1、2、3番アイアン）
ミドルアイアン（4、5、6番アイアン）
ショートアイアン（7、8、9番アイアン）
ウェッジ（短い距離を打つためのクラブ）
PW（ピッチングウェッジ）
AW（アプローチウェッジ）
SW（サンドウェッジ）

<パター>

（おもにグリーン上でパッティングを行うために使用するクラブ）

スイング

ミスショットの種類

トップ（ボールの上部を打つミスショット）
ダフリ（ボールの手前を打つミスショット）
シャンク（ボールがクラブのネックに当たり大きく右に飛ぶ：左打ち・左へ）
プッシュアウト（ボールを右に押し出して、ボールが戻ってこないミスショット：左打ち・左へ）
ひっかけ（出玉から左に飛んでいくミスショット：左打ち・右へ）
チーピン（急激に左に曲がるミスショット：左打ち・右へ）
ヘッドアップ（スイング中、フォロースイングの前に頭を上げること）

ボールの曲がり

①ストレート（まっすぐ、もしくは曲がり幅が限りなく少ないボール）
②フック（打ったボールが左に曲がる軌道：左打ち・右へ）
③ドロー（打ったボールが軽く左に曲がる軌道：左打ち・右へ）
④スライス（打ったボールが右に曲がる軌道：左打ち・左へ）
⑤フェード（打ったボールが軽く右に曲がる軌道：左打ち・左へ）

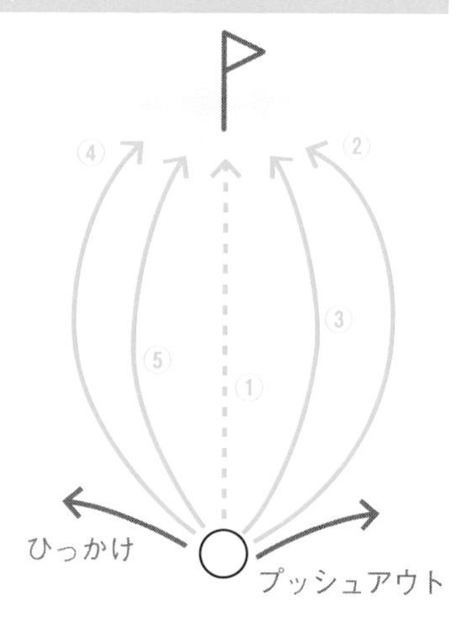

ボールの飛び方

キャリー（ボールを打った地点から地面に落ちる地点までの距離）
ラン（ボールが落下してからの転がり）
ハイボール（高いボール）
ローボール（低いボール）

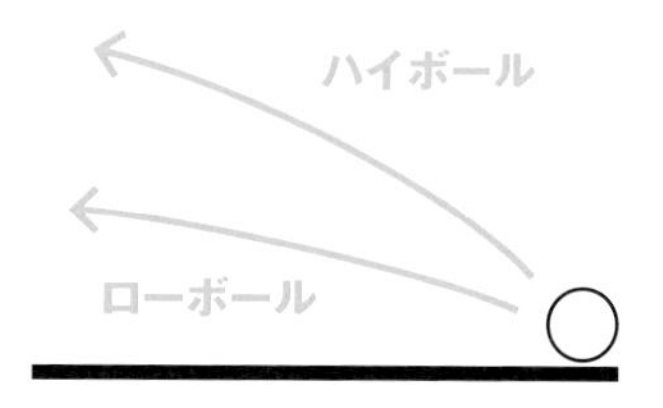

ショット（バックスイングの位置）の種類

①**フルショット**（バックスイングを大きくし最大限の力で振り切るショット：バックスイングは1時の位置）
②**スリークォーター**（フルショットの約3/4のスイング：バックスイングは11時の位置）
③**ハーフショット**（フルスイングの半分程度の大きさのショット：振り幅は9時から3時のイメージ）

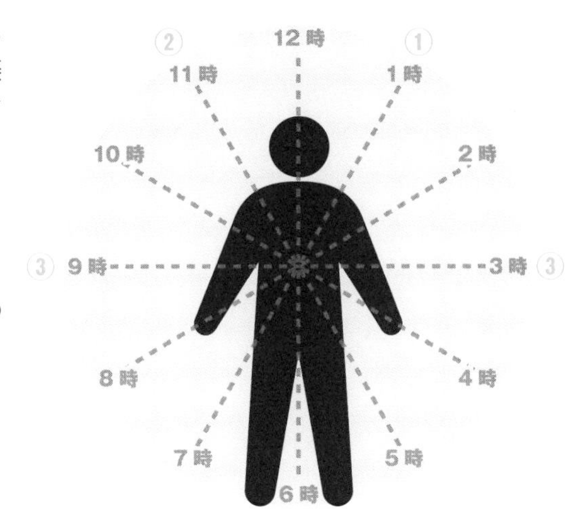

カップに近づけるショット

●**ランニング**（ボールを転がしてピンに寄せるアプローチ）
●**ピッチエンドラン**（ボールが適度に上がり、キャリーが少なくランが多いアプローチ）
●**ピッチショット**（キャリーが多くランが少ないアプローチ）
●**ロブショット**（ボールを高く打ち上げるショット。ほぼランがない）

その他のゴルフ用語

パー（各ホールの基準打数。基本はパー3、パー4、パー5の3種類）
パーオン（そのホールの基準打数より2打少ない打数でグリーンにのせる）
イーグル（パーよりも2打少ないストロークでホールアウトする）
バーディー（パーよりも1打少ないストロークでホールアウトする）
ボギー（パーよりも1打多いストロークでホールアウトする）
ダブルボギー（パーよりも2打多いストロークでホールアウトする）
ホールインワン（第1打のボールが直接カップに入る）

<おわりに>

長くプレーを楽しむための

ゴルフに出合い、プレーできていることに、私は心の底から感謝している一人です。ゴルフは、国をあげて提唱している「健康寿命の延伸」のためには、もっとも適しているスポーツです。体力に応じてプレーできるし、年齢、性別によってティーイングエリアを選ぶことができます。何て鷹揚なスポーツでしょう。一度でもゴルフに触れた多くの方が、ゴルフを好きになって、いつまでも楽しんでプレーを継続してくださったら、こんなにうれしいことはありません。

ゴルフを楽しく長く続けるために大切なことは、「心」「技」「体」を整えることです。

「心」とは――、
- ミスを寛大に受け入れること
- どんなときでも「大丈夫！」と自分に優しくすること
- つねにゆとりある心を持ち続けられること

「技」とは――、
- 自分の動き、クラブの動きを理解して、大きなミスをしない技術を身につけること

「心技体」

「体」とは――、

●腕や脚に力を入れすぎたり、張りすぎたりしないこと
●力を入れすぎたり、張りすぎたりすると、スイング時に関節や筋肉を傷めやすいので、力を抜いて、全身を柔らかくするように心がけること
●体に負担のかからない動作をすること
●いつでも歩けるように、運動やストレッチをして、体のケアをすること

上記のことのうち、1つでも欠けてしまうと、長く、楽しくゴルフをするのは難しくなってしまいます。心も技も体も、すべてのバランスをとりながら、「ゴルフ力」を整え、ゴルフを継続していただけたらと思います。こんなに素敵なスポーツを大いに享受して、ゴルフライフを満喫してください。

2023年10月
大橋義幸

PROFILE

大橋 義幸（おおはし・よしゆき）
プロゴルファー・メディテーションインストラクター

日大ゴルフ部３年時に、ハワイアンオープン・マンデートップ通過。当時、最年少でハワイアンオープン出場を果たす。1997 年日本プロゴルフ協会入会。2009 年茨城県オープン優勝。高橋勝成プロに師事し、シンプルなゴルフ理論を学ぶ。2017 年にシニアツアーデビューしたが、パターイップスに罹り、試合で通用するゴルフができなくなってしまう。「マインドフルネスメディテーション」というメンタルヘルスケアに出合い、イップス症状を克服できた。プログラムをしっかりと学び、マインドフルネス資格を取得する。2019 年よりメディテーションインストラクターとして、大阪の和幸カントリー倶楽部にてメディテーションのレッスンを行い、ゴルファーのスキルアップのサポート、メンタルケアをしている。
1967 年生まれ。東京都出身。公益社団法人日本プロゴルフ協会 TP、TCP-B 会員。一般社団法人 GPR 協会 代表理事。

ゴルフの心（こころ）を整（ととの）える

マインドフルネスで自分（じぶん）に優（やさ）しいプレーのすすめ

2023 年 10 月 30 日　第 1 版第 1 刷発行

著　者／大橋義幸（おおはしよしゆき）
発行人／池田哲雄
発行所／株式会社ベースボール・マガジン社
〒 103-8482　東京都中央区日本橋浜町 2-61-9　TIE 浜町ビル
電話　03-5643-3930（販売部）
03-5643-3885（出版部）
振替口座 00180-6-46620
https://www.bbm-japan.com/

印刷・製本／共同印刷株式会社

ISBN978-4-583-11392-0　C2075